大是文化

我想交朋友

Relatable

如何氣定神閒的初次見面；
怎麼相處，能從相識變朋友？

知名 TEDx 演講人、
Match 交友平臺的首席約會專家
瑞秋・德爾托
（Rachel DeAlto）◎著　吳宜蓁◎譯

目錄

PART.3

關於人際關係的斷捨離

推薦序一

卸下人際濾鏡，走進真實世界與人自在互動

臨床心理師／李郁琳

這些年來和個案一起工作，感受到了許多人的困擾，其實都不跳脫人際關係的範疇，從兒童到成人皆然，因此在看到這本書出版時，格外開心。

人有親和需求，都有想要與他人連結並維繫關係的渴望。我們的原生家庭就是最早開始，也是最小的人際互動單位。我們與父母是親子關係，與兄弟姊妹是手足關係，面對親戚朋友也有各式各樣的親屬關係；直至求學，我們陸續建立了同儕和師生關係；隨著歲月增長，我們開始工作，也可能會談戀愛或進入婚姻，因此有伴侶關係、夫妻關係、姻親關係及職場上的各種關係，和寵物也可能會建立親如家人的關係。

因此，我們的一生勢必會不斷經歷與人相遇、彼此認識、建立關係或離開關係的歷程。但，這些關係未必總是正向的，好的關係能帶來心情的愉悅、自信、歸屬感；負面或是失落的人際關係，帶來的殺傷力、挫敗感及情緒上的困擾，也不容小覷。

本書作者瑞秋・德爾托（Rachel DeAlto）是公關專家，也是 Match 交友平臺的首席約會專家。作者在引言提到，她過去在求學時期也曾被同學排擠，以及因過度渴望友情而有討好他人、不顧自身安危的舉動。

友誼，對某些人來說是如此難得，即便知道靠近會受傷，也無法阻擋他們飛蛾撲火的決心。也或許是因為有切身之痛，她更能體會那些於人際關係中受苦之人的感受。

作者說：「社交這件事，就寫在我們的基因裡。」她舉 COVID-19（嚴重特殊傳染性肺炎，亦稱新型冠狀病毒肺炎）為例，提醒我們**這個社會乃至世界的運作、人際的互動等，正透過各式各樣的應變措施，來複製或模擬面對面的互動**。也正因「有所連結」對我們而言是如此重要，所以我們會想方設法，免於與他人疏離，因為「孤獨」的感覺並不好受。

但，即便如此，也不意味著渴望與他人有所連結，就能完全不怕人際情境的多變與複雜，我們還是會擔心被排擠、遭漠視或受傷，還是會期待能與他人有一段正向的友好關係。

作者同理了多數人在建立人際關係時會有的焦慮與不安，於是在書中分享案例解析、技巧練習，並進一步提出問題幫助讀者反思。

她一步步的帶著讀者自我覺察、釋放焦慮、實作練習——就像在學習騎腳踏車的過程，一開始，她扶著你的車身，陪著你前行，當你偶爾害怕的回過頭，也能因為看到她還在身邊，而有持續向前的勇氣；直到你已經練習得很熟練了，她才悄悄放開雙手，你則兀自前行。如此一來，你終於能走出舒適圈，撤除她為你搭過的鷹架，自在且遊刃有餘的與人互動。

這本書，想提供讀者這樣的陪伴。

試著卸下你的人際濾鏡，走出網路的虛擬世界，用真實的自己與人建立實質連結，帶著書中給你的忠告，建立一段真誠而自在的關係吧！

推薦序二

閃閃發光的人際關係，可能是鍍金的假象

諮商心理師、作家／黃之盈

後疫情時代，病毒擴散大大的阻斷了人與人的距離，增加「人與人相處和直接互動」的不信任感，原本千禧年因 3C 發達，造成人際廣泛性焦慮，如今這種狀態也加劇了！人與人的溝通模式，快速轉變成「貼圖溝通」模式，光是最典型的親子溝通，就可能出現：

「你怎麼不用 LINE 講就好？」

「我不是已經在火鍋店打卡了，還要問吃了沒？」

「有話再私訊你就好，別煩我！」

3C社群世代也改寫了聚會形式，過去在外和現實中的朋友見面，然後改為網聚，直到現在轉變成不用出門就能「網聚」。真實露面的朋友，逐漸從生活中消失，取而代之的是友情難以長久的網友——甚至稱不上網友，只是聊了短短幾天就能稱呼彼此「老公、老婆」；就連根本沒見過面的朋友，也能立刻柔情軟語起來，殊不知實際約見面，反倒尷尬得無法四目交接。

疫情時期，這樣的狀況變得更嚴重。光是看到別人打噴嚏、清喉嚨、觸摸公共設施，就莫名產生不適感，這可以看作自我保護機制，也是這個時代特有的「刻意練習」——刻意練習孤獨。可人類天生就是群居動物，這樣的隔離感造成了社交落差，進而難以突破舒適圈，甚至畏懼實際互動。

從來沒有一個世代，這麼難以交到真實的朋友。在房間中，可以用各種社群軟體掌握天下事，並且告訴別人：「我很好！」但實際生活的感受卻大大相反；可以在社群軟體中說：「我很棒！」實則受冒牌者症候群所苦，無法將自己的成功歸因於自己的能力。

我們並沒有因為「社群」增加而更有歸屬感，反倒會因為資訊過多，開始自我懷疑，進而耗損自我的價值感。在現今世界，一日之初往往始於社群開啟，結束於社群關閉。當一整天過去，關掉社群的那一刻，內心非但沒有感到充實，反倒無比空虛，這種感覺，正是因為離開了網路的舒適圈，突然不曉得怎麼跟外界連結。

在本書中，你會看到許多身旁的例子，活生生的在你眼前。網站的社群正在擴大，真實人際之間的連結卻正在縮小。書中指出，我們在一個最孤立的社會狀態，面臨著許多難以啟齒的社交障礙，雖然手機打開就會有滑不完的交友對象，但我們很容易迷失在爭奇鬥豔的社群世界中，且由於人際關係不穩固，更難與他人建立深刻的連結。

慶幸這本書犀利直接的指出了這個現象，挽救我們的交友需求。包括真實人際網絡中如何激勵彼此、如何重拾與人講話的語氣語調、內容與方法，讓我們在各自創立的小世界和舒適圈中，抬起頭來，給彼此一抹簡單的微笑、一個擁抱、一句問候、一則笑話，讓我們的連結重新啟程，且不再感到多餘！

國外盛讚

「在這個總是透過各種裝置與人聯繫的世界裡，我們很容易忘記，真正與人連結是什麼意思。瑞秋（Rachel，本書作者）能幫助你釋放恐懼和社交焦慮，讓你表現出真實的自己，同時建立起對人生各方面皆有益的關係。」

——潔西卡・歐爾納（Jessica Ortner），
《紐約時報》暢銷書作者、「拍打法」（Tapping Solution）App 創辦人

「無論在演講臺上、電視上，還是抖音裡，瑞秋說的一切都讓人有共鳴。書中有許多實用的建議，能夠幫助讀者建立起更好的關係。我非常推薦這本書！」

——潔西卡・艾寶（Jessica Abo），
《社群假象》（*Unfiltered*）作者

「本書非常平實易讀，且充滿了有趣的故事和實用的建議，是引導你走過後疫情人生的絕佳書籍。」

——莎曼莎．尹杜斯（Samantha Ettus），
暢銷書作者、iHeart Podcast主持人、創業者

「如果你準備好要掙脫自己的繭，走出去找到同伴，那就讀這本書吧！瑞秋以她招牌的幽默與細膩，詳述了在建立長久的社交連結方面，所要培養的技巧。」

——帕爾瓦緹．夏洛（Parvati Shallow），
人生教練、實境節目《生還者》（*Surviver*）贏家

「作者明確列出了一些步驟，讓你知道如何走出自己的限制。有些人的關係總是出問題，她也指出了問題的核心所在。」

——卡爾文．羅伯森（Calvin Roberson），
作家、《閃婚》（*Married At First Sight*）節目的人際關係專家

「從最內向的人、社交焦慮者，到最厲害的社交達人，每個人都想要精進自己的技巧！」

——伊麗莎白·隆巴多（Elizabeth Lombardo）博士，暢銷書《你比自己想的更完美》（*Better than Perfec*）作者

「本書是每個人建立關係時都需要的藍圖，既輕鬆有趣又充滿實用知識。」

——邁克·亞登（Mike Alden），《華爾街日報》（*The Wall Street Journal*）與《今日美國》（*USA Today*）暢銷作者，著有《商業藍圖》（*Blueprint to Business*）

「本書有真實的範例、故事，還有非常實用的建議、祕訣、行動步驟，讓人培養出在職場與人生中獲得成功的必備技巧。為這本書奉上雙手大拇指比讚！」

——戴夫·可本（Dave Karpen），暢銷書《人際關係的藝術》（*The Art of People*）作者

「與人連結，而且是**真摯真實的那種連結，是每個人內在都有的渴望**。想在專業和個人方面取得成功，與人連結更是不可或缺的條件。這件事並不容易，但透過瑞秋這本透徹、實用又美好的作品，會讓一切簡單很多。」

——朗恩．泰特（Ron Tite），《想，做，說》（*Think, Do, Say*）作者

「從我們第一次見面起，她的真誠就深深吸引了我，因此，她的書也理所當然讓我著迷。瑞秋的內涵非常實在。所有在現實生活中掙扎著與人建立連結的人，都必讀這本書，而如今，我們大多數人都有這樣的困擾。瑞秋不只幽默，她的建議更是真誠、有同理心，而且很實際。對於那些想要尋找、建立和加強各種人際關係的人來說，這本書肯定是一張教你怎麼做的路線圖。」

——潔西卡．葛里芬（Jessica L. Griffin），人際關係專家

引言
獨行俠很酷，但我還是想要交朋友

我十一歲的時候，當學校裡其他同學和夥伴們在操場上玩耍，我卻自己一個人在拔蒲公英的種子。

我在學校沒半個朋友。為什麼？因為，我覺得自己無所不知，我的手總是高舉在空中，準備回答老師提出的每一個問題。遺憾的是，那些「健美操」並沒有讓我的手臂（和身體）變苗條。

然而隔年，奇蹟發生了——凱特琳（Kaitlyn）轉學來了。她不知道我在學校受到怎樣的排擠，而我也故意裝作不知道她有多古怪。我並不在乎她怪不怪，我只需要知道「她是個新朋友人選」，這樣就好。

認識凱特琳並讓她喜歡我後沒多久，她就邀請我去她家過夜。對一個十二歲的獨行俠來說，這件事就如同史詩般宏偉。

那天下午六點，我準時抵達她家門口，還帶上了我的寶盒，裡面有十種深淺不同的藍色眼影，可以為我們的夜晚時光增添樂趣。她來開門時，手裡抱著她毛茸茸的大貓咪「藍莓」。當下我的心重重一沉，但臉上還是掛著笑容——我絕不能讓她知道我對貓嚴重過敏！

對我來說很慘的是，凱特琳非常喜歡藍莓，而且堅信我也會愛牠。過了一會兒，我們在她的房間裡，聽著拘捕令合唱團（Warrant）的〈櫻桃派〉（*Cherry Pie*），我的眼影也準備就緒了，然而凱特琳有其他計畫：她的貓和我必須建立感情！所有對動物過敏的人都知道，這些毛茸茸的動物，總是被那些最不可能給予牠們關愛的人吸引。

於是，藍莓馬上跳到我的大腿上，而且我竟然奇蹟似的還能呼吸——順利度過了那一刻！沒想到，光是抱抱還不夠，藍莓似乎認為得增進我倆之間的情誼，便開始毫不留情的舔我——的——臉！我沒對凱特琳和這個新情人說任何一句話，相信意志力一定能戰勝生理機能。

事實證明，生理機能是一個難以克服的挑戰。不到十分鐘，我臉上就開始冒出一大堆疹子，讓我看起來像個沼澤怪物。在十一分鐘內，我父母就接到電話通知，隨後我被趕了出去，整個人既沮喪又絕望，還得吃大劑量的抗組織胺藥品，然後去洗了個澡。

當時的我是如此渴望交到朋友，甚至願意忍受可怕的病症，只為了建立一段友誼。在那個影響命運的夜晚之後，這段友誼沒能建立起來，我還是獨自一人，再次感到孤獨。

但我絕不是唯一有類似經驗的人，**所有人天生都有欲望，希望有所歸屬、有所連結**。社交這件事，就寫在我們的基因裡。COVID-19 非常清楚的讓我們知道，人與人的連結永遠必不可少。各式各樣的預防措施，讓許多人更加意識到人際互動的價值，於是我們爭先恐後的試著用虛擬的替代方案，來複製面對面的互動行為，舉凡歡樂共處到約會，再到專業會議。**我們之所以肯去適應這些方式，是因為另一種處境——疏離，讓人覺得既反常又可怕**。有所連結對我們是如此重要，所以我們想方設法來保持連結。

但這並不表示，建立和保持連結是一件很容易的事。

有時候，與陌生人開啟談話並持續交談很可怕，無論是面對面還是虛擬的。
有時候，和我們認識的人對話，一樣很可怕。
有時候，我們不知道該說什麼，以及該怎麼說。
有時候，做自己或是展現脆弱，是很可怕的事。
有時候，徹底避開這些行為，感覺還比較輕鬆。

在任何時候，我們的社交焦慮、恐懼不安，都可能讓我們錯過人類體驗中的這個基本成分——連結。

你有多常因為怕尷尬，而迴避某個活動？你有多少次因為擔心其他人感覺到你的不自在，而害怕去開會、面談或約會？你總是能自在的做自己嗎？我們都有過這樣的經歷，有過心跳聲震耳欲聾、相信對方一定都聽到了的時刻。我們不知道該說什麼、該怎麼做，也不知道為什麼要這樣折磨自己。

這一切都會變簡單的，我保證，因為**幫助人們建立連結是我的最愛**。**這是我過去十年裡一直在做的事情**，希望在未來的幾十年裡，也能繼續做這件事（如果紅酒能讓我保持青春的話）。有點諷刺的是，我現在的職業道路，始於我在當律師的時候。通常來說，「律師」和「連結者」這兩個詞不會一起出現，但我就是這樣——一個特別喜歡調解和解決問題的訴訟律師。

在離開律師業，創辦了一家約會公司（稍後再詳細說明）之後，我經常以教練的身分，幫助人們度過那些變化莫測的情境。我開始在媒體上露面，在紐約當地的電視臺裡實際幫助觀眾，激勵他們的約會生活和戀愛關係。

這些經歷讓我後來經常出現在《走進好萊塢》（*Access Hollywood*）、《早安美國》（*Good Morning America*）、脫口秀《史蒂夫．哈維》（*Steve Harvey*）和《今日秀》（*Today*）等節目中。

這一切最終讓我成為一名人際關係專家，出現在實境秀《閃婚》（如果你有看Netflix的話，找第四季和第五季）和TLC旅遊生活頻道上的《凱特加約會》（*Kate+Date*）。透過這些節目，我的建議和經驗能觸及的人數倍增。

值得注意的是，是《閃婚》的粉絲讓我決定了這本書的書名（按：原書名是*Relatable*，有建立連結、與對方產生共鳴，讓彼此交流更簡單的含意在），且讓我持續關注「親和力」（relatability）。

離開節目後，我收到數千則觀眾傳來的電子郵件、訊息和推特貼文，他們很難過我離開了。這些訊息讓人相當感動，我由衷的感激大家，但裡面也有個共同點：絕大部分的訊息都提到了我的親和力，他們說在其他新來的專家身上，很難看到這種特質。

我不禁思考，「有親和力」這種特質到底是什麼意思？觀眾在我身上看到了什麼，讓他們與我有所共鳴？由此產生的反思、隨後獲得的心理學碩士學位，以及與客戶的合作，構築成了一張親和力的藍圖，不論是正式場合抑或非正式場合，很多運用這方法的人都成功了。

我在書中提出了有效的方法。一直以來，我在面對客戶和合作的組織時，都是使用這些方法，它們在社交和職業環境中都禁受過考驗，確實能幫助你採取必要的步驟，釋放所有焦慮，並開始與人產生良好的互動。

本書提供了一張路線圖，讓我們回到我們天生就要做的事情——建立關係和連結。讓我們活出真實的自己，變得有自信、有吸引力，並且跨出去，立即開始建立有意義的關係。這麼做的最好時機，就是「現在」！

內容分為三個部分：

1. 原因——你會知道你並不是一個人。
2. 做法——包括實際的工具、真實的故事、真正的方法，讓你開始變得更有親和力。
3. 對象——指出特定族群的問題，以及如何解決這些問題。

每一章所提到的故事，混合自實際的客戶經驗、統計資料和實用的建議，帶你變得有親和力。我希望你會覺得很有趣，但不管怎樣，這些笑話逗得我自己很開心。至於實用的建議，還包括了實踐每一章課程的步驟、「行動」以及「心態」。

「行動」可能是要你**反思某些過去或現在的場景，或是我希望你採取的實際作為**。不過在大多數情況下，行動的目的是要讓你反思這些主題，你要如何運用，或者可以做出哪些改變。你可以把它當作一本迷你版日記，因為寫日記是個非常好的活動，具有治療作用，且能夠帶來改變，即使是迷你版也有效。

而「心態」，就是要給你一句咒語。沒錯，我就是要來迷惑你的。我們的心靈非常強大，而且我一次又一次的看到這樣的例子：**只要轉變觀點，一切就跟著改**

變了。相信我。

我的用意是透過陳述句「我（是）……」（這是最有力的陳述）來提醒你，你就是那一章內容的化身，也就是像這樣：我夠好了、我願意接受新的連結、我是個狠角色……好啦，其實沒有最後一項，不過那是真的！如果一開始你沒辦法相信這些心態，那也沒關係，但如果你一天到晚複誦，這些心態就會開始根植。

不管你現在是怎樣的人，你已經開始在改善處理人際關係的方式，感謝你踏上這段旅程！我保證會非常值得。

PART. 1

你家的門鈴，多久沒響過？

第一章　最可怕的文明病，螢幕虛張聲勢症

范恩（Vaughn）帶著一種介於滿足和興奮之間的心情，走進了雞尾酒派對。這個開幕活動出自他的想法，且他的老闆非常喜歡，而為了今天這個重要的活動，范恩前一週甚至去了兩次健身房。

范恩雖然不想參加這場派對，但他知道他得這麼做，畢竟在客戶面前露個臉、表現出支持對方的樣子，是必要的行為，他沒有花時間去想太多。范恩知道他老闆也會出席，而且就和往常一樣滿場交際，所以他也沒有太擔心，就這麼步入會場——直到他西裝外套口袋裡的手機震動了起來。

「辦公室這裡忙到走不開。給你上場。不要讓我失望。」老闆寫道。這是他第一個真正的老闆，他第一份真正的工作，而他要在自己主辦的第一場雞尾酒派對上，面對他的第一個客戶。

范恩感覺到心臟開始急速跳動，好似他按錯了樓梯健身機上的按鍵，而他知

道，這場派對一定會跟那臺可怕的健身機器一樣，實際上比看起來還要難克服。

他看到他們的客戶了，對方是一名高大的前職業美式足球運動員，以對任何事情都嚴肅認真的態度聞名，而且能在一、兩公里外，就感應到你要說的是不是廢話。范恩調整了一下領帶，試著鼓起他所有的勇氣，在一群顯然自信滿滿的人（至少比他有自信）之間，開始朝客戶走去。

雖然室外的溫度低於零度，但范恩每走一步，額頭上就又滲出了汗珠。他心跳的分貝數，蓋過了周圍的音樂和談話聲。他走到適合與客戶交談的距離，伸出手並自我介紹。不過，客戶沒有以同樣的方式回應，而是興奮的吼道：「我真高興你能來！」……但，是對范恩左邊的一個男人說的，然後他們開始熱烈對話。

紅著臉、被無視，而且已經滿頭大汗的范恩回到吧檯邊，抓著他的iPhone。他獨自坐在那，心想：「我辦不到。」所以，他沒有去做老闆要他做的事。過了一會兒，范恩溜出會場，沒有去見客戶，這讓他自己和老闆都非常失望。

范恩在社交場合中未必都會這麼焦慮，然而在他看來，情況變得更糟了。事實上，在他這個世代——**千禧世代（一般定義為一九八一年到一九九六年之間出生的一代）中，普遍的焦慮狀況越來越嚴重。**

社交焦慮帶來孤獨，孤獨又損害健康

人類（沒錯，包括千禧世代）都有連結的欲望，我們天生就該社交。身為人類，我們擁有巨大的大腦；根據體型比例來看，人類的大腦是動物界中最大的。人類學家告訴我們，這巨大的腦袋是為了社會化而產生。然而，在過去的五十年裡，儘管有四十億人透過社群媒體聯繫在一起，我們卻變得越來越個人主義，越來越缺乏社交意識。[1]

在這個科技讓我們緊密相連的時代，我們卻形成了有史以來最孤立的社會。

科技真的很了不起，對吧？我們根本不需要離開舒適的沙發，就能跟世界保持聯繫。我們可以點一頓有三道菜的餐點，看七季電視劇（明明第二季之後就在歹戲拖棚了），用拇指一滑就找到夢中情人，這一切都能夠在手機上完成。

1 Patricia Greenfield, "Social Change, Cultural Evolution, and Human Development." *Current Opinion in Psychology* 8 (2016): 84–92, doi:10.1016/j.copsyc.2015.10.012.

我們甚至不再使用門鈴了，除非門鈴的功用是錄下每一個距離門口十五公尺以內的人。再也沒人只是「剛好經過來看看」；現在我們會先發訊息：「你在哪？」

在這些變化之中，有些是令人驚喜的進步。界線最棒了，隱私是超級大禮！如果你星期六早上九點出現在我家門口，我才不會去應門。而且我不會回應的還不只如此。我相信這個世界上有兩種人：一種是會接電話的人，另一種是盯著螢幕的人，他們不相信有人敢發出簡訊以外的其他東西。總有一天，沒用的會議也會滅亡。**#可寄電郵給我就好嗎？**

但是我們的人際關係呢？在我們鼓勵所有事情都靠一伸手來完成、用縮略詞來表達之際，處於這樣的環境，我們的人際關係還得以存留嗎？事實證明不行。

人們有社交焦慮：

- 年齡介於**十八到二十九歲的族群中**，有**七〇%的人有社交焦慮**，比其他年齡層的人都多。[2]
- 因對自己的互動能力沒信心，有**六五%的千禧世代避免面對面交談**。[3]
- **三〇%的千禧世代甚至不參加活動**，因為他們害怕社交不適的感覺。[4]

除了這樣廣泛的焦慮外，我們也真的很孤獨，這兩者可說是交織在一起的。事實上，我們過去從沒有如此孤獨過。

美國醫療保健公司信諾集團（Cigna）二〇一九年時做了一項研究，使用了加州大學洛杉磯分校（UCLA）提出的孤獨量表（UCLA Loneliness Scale，是一項經常被引用且經統計驗證的評量標準），結果發現，**有四五%的千禧世代和四八%的Z世代（一九九〇年代末到二〇一〇年代前期出生的人）感到孤獨。**[5]二二%的千禧世代沒有朋友[6]，沒有一個能與自己分享人生起落的同伴。

---

2 Jonathan Chew, “Why Most Millennials Find Holiday Gatherings Stressful,” December 22, 2015, https://fortune.com/2015/12/22/social-anxiety-joyable/.

3 Alisa Hrustic, “Young People Don’t Know How to Talk To Each Other Anymore,” February 25, 2019, https://www.menshealth.com/trending-news/a19544562/millennials-awkward-conversations/.

4 出處同注釋3。

5 Jamie Ballard, “Millennials Are the Loneliest Generation,” July 30, 2019, https://today.yougov.com/topics/lifestyle/articles-reports/2019/07/30/loneliness-friendship-new-friends-poll-survey?subId1=xid:fr1583966251230hfb.

6 出處同注釋5。

我們無法只靠每週一次有意義的互動生存下去，孤獨是很危險的。二〇一五年，楊百翰大學（Brigham Young University）發表了一項研究指出，那些沒有穩**固人際關係的人，死亡風險相當於每天抽十五支菸，肥胖風險也是常人的兩倍**。該研究經常被引用。[7]而英國另一項為期七年、調查近五十萬人的研究發現，**社交孤立（social isolation）與其他危險因子（如憂鬱症）類似，可被視為心血管疾病患者預後**（按：根據病人當前狀況，推估未來經過治療後可能的結果）**不良的危險因子**。[8]孤獨帶來的心痛是真實的，你的心臟現在可能還好，但如果這種狀況持續下去，那就非常令人擔憂了。

但是為什麼呢？為什麼此時會發生這樣的事？

人類天生愛比較，只差過去不能上網

最簡單而典型的代罪羔羊就是社群媒體，雖然資料並不支持把一切都怪到它頭上。儘管使用社群媒體並非我們孤獨的原因，但「比較的陷阱」確實存在。我們不只是喜歡社交，也是天生的比較者。

一九五四年，心理學家利昂．費斯廷格（Leon Festinger）首次提出了社會比較理論，在那個時代，網際網路還只是遙不可及的夢想。費斯廷格認為，我們將「比較和評判他人」作為自我評價的一種方式，而這種衝動可以追溯到我們與生俱來的需求——自我保護，這基本上是永遠存在的需求。

問題是，我們住在洞穴裡的祖先並沒有ＩＧ（Instagram）。

現在的世界和我二十幾歲時已經大不相同。我二十幾歲時，不需要在雪中步行約八公里到山上去求學，但也不需要在拚命維持起碼的生活時，還要看著朋友們得到絕佳工作的照片；我不需要親眼看到前任和比我更性感的人在一起，即使我已經斷了和他們的所有關係；我更不需要看到某些影片，得知自己被排除在某個活動

7 Smith Holt-Lunstad, "Loneliness and Social Isolation as Risk Factors for Mortality: A Meta-Analytic Review," *Perspectives on Psychological Science* 10, no. 2 (2015): 227–237.

8 Christian Hakulinen et al., "Correction: Social Isolation and Loneliness as Risk Factors for Myocardial Infarction, Stroke and Mortality: UK Biobank Cohort Study of 479 054 Men and Women," Heart 105, no. 14 (2019): doi.org/10.1136/heartjnl-2017-312663corr1.

或派對之外；除非有人告訴我們，否則我們根本不會知道自己沒受邀參加什麼活動，也不會知道其他人的生活虛假得多麼美好。

除非你生活在一個繭裡面，否則你總會情不自禁的拿周圍的人跟自己比較——這是有科學證實的！有些比較有益健康，甚至能激勵人心。像是你如果看到有人在健身，看起來很健美，你可能會受到鼓舞，也開始去運動。或者是你看到某個朋友到希臘旅行，並上傳了一些超漂亮的照片，你可能會想：「哇，我應該多去走走，不要整天只知道工作。」

然而另一方面，比較也會讓我們感到不足，尤其是你的自尊心已經不高的時候。許多人從消極的角度進行比較，進而感覺周圍的一切都在提醒他們做得不夠、擁有得不夠、自己不夠好。

這種自我價值的持續損耗，會導致孤立、恐懼和焦慮。當周遭每個人看起來都更成功時，怪不得有些人會想要避免社交；當每個人舉手投足似乎都很有自信時，也難怪有些人會想要避免對話；有些人在看過競爭對手看似美好的生活種種之後，有了約會障礙，這也合情合理。

因此，我們會變得如此焦慮，全都是可以理解的。

交流面對面，彼此印象更正面

傳訊息給我就好！

我再寄電子郵件給你！

私訊我！

如果我們認為線上互動可以取代面對面的交流，我們將構成一個非常孤獨的社會。呃，等一下……（抓抓頭）。

用手指就能做這麼多事當然很酷，但儘管我們可能認為線上互動和面對面交流差不多，我們的大腦卻不這麼想。**研究顯示，與線上互動相比，面對面交談會讓人更開心，且與親朋好友面對面交流，比虛擬互動更能提高生活品質。**[9] 面對面也

9 Day Mallen, "Online Versus Face-to-Face Conversation: An Examination of Relational and Discourse Variables," *Psychotherapy* 40, nos. 1-2 (2003): 155–63.

會改變我們的連結方式，因為另一項研究發現，相較於陌生人之間的線上交談，那些面對面交談的人，對彼此的印象會更正面。[10] 所以，也許網路酸民們需要和他們攻擊的對象見個面。

我自己確實有這樣的感覺！我喜歡網路社交的便利性，能輕鬆與親友保持聯繫；我知道誰結婚了、誰生了小孩、誰養了隻狗，甚至在看到很多年沒說過話的朋友時，感覺我們都知道彼此的狀況。然而，當我與我關心的人們真正相處時，我知道那種感覺，跟我在他們照片底下留言時的感覺大不相同，來得更加深刻、飽滿，且更溫暖人心。

我們依然透過傳訊息、留言、按讚和分享來保持聯繫，但那樣的深入程度，還不足以滿足我們對群體的生理需求。

線上交流和社群媒體是很好的墊腳石，但並非替代品；它們是主餐旁的美味配菜。主要或完全使用線上互動，不應該是常態。想想看：如果我們把所有互動都限制在社群媒體、電子郵件和簡訊上，全世界的人就有麻煩了！

我們創造了一種自我與群體社會的對抗。

我們的螢幕沒辦法充實心靈。

我們的社群正在縮小。

我們的靈魂正在受苦。

那麼，我們該怎麼辦呢？難道這是宿命嗎？

絕不可能。

與好友聯繫卻沒有實際相處，反而讓人更孤獨

讓我們回到范恩身上……范恩是個二十歲出頭、聰明、有吸引力，又有點笨拙（是可愛的那種）的傢伙。他在一個關係密切的社區中長大，附近每個街區都有他的朋友，他從不孤單。每個週末，他都會騎自行車去朋友家，一起家庭烤肉，晚上和朋友們一起看電影，還會在當地的披薩店吃東西。

10 Bradley M. Okdie et al., "Getting to Know You: Face-to-Face Versus Online Interactions," *PsycEXTRA Dataset*, 2010, https://doi.org/10.1037/e566842012-162.

范恩的社區和生活，是最理想社會化的典範——直到范恩上高中之前，他爸爸換了一份工作，地點遠在兩個州之外。

儘管他的父母性格外向，但搬家之後，生活和以前不一樣了。即使他們一家人和鄰居們相處得很好，不過在那個廣闊的郊區新環境裡，卻沒有社區的感覺。雖然他們的房子和土地面積是以前的三倍大，社交網絡卻以同樣比例縮減了。你很難在幾個月之內，重建起累積了一輩子的連結，尤其是你要去隔壁鄰居家還得開車的時候。

范恩以新生的身分，穿過新高中的走廊時，發現自己身處於最陌生的地方。沒有人可以和他開玩笑，沒有人可以跟他一起抱怨歷史課，也沒有人能讓他有歸屬感。因此，他埋首於手機中，內心退縮，而當他專注於與老朋友保持聯繫，他感到前所未有的孤獨。況且，保持與過去生活的聯繫，對范恩並沒有幫助，因為這些內容不斷提醒他老朋友們在做什麼……他卻不在其中。

范恩覺得，他的手機和社群媒體，提供了他度過高中生活所需的所有社交活動。這段青少年時期，他認識了一些現實生活中的朋友，但從未真正融入這個新社群。這些人際關係的品質，遠不及以前他與鄰居的聯繫。

范恩在高中的表現還不錯，然而大多時候，他都想要離開、換個地方。他孤獨歸孤獨，但他並不消沉。他有Snapchat上的朋友，YouTube上有看不完的影片用來打發時間，他還可以玩電玩。總之，他還過得去。

接著，范恩上了大學，大學生活也差不多是這樣。雖然考慮過加入兄弟會（fraternity，按：一種以兄弟情誼為基礎，招收在校學生的學生社團組織），但後來他覺得，那些繁忙的活動讓他不堪負荷。於是他保持低調，再次依靠社群媒體與人聯繫，並埋首念書到畢業。

他在學校表現很好，以優異的成績畢業。然而，在那次影響重大的搬家之後幾年裡（他父親發現范恩要接受治療是他造成的），他唯一能交談的對象就是家人。他和從小一起長大的朋友漸行漸遠，且發現比起走出去結交新朋友，獨處來得更容易。

他住在紐約，儘管周遭有八百多萬人，他的孤獨感卻變得難以招架。還是學生時，「下一件事」能夠多少讓他保持忙碌——接下來總是有一些事情必須專注，比如論文、考試、活動或面試。不過，當開始第一份工作時，他第一次有遙遙無期的感覺；就只有生活，一直持續下去。

范恩環顧四周，意識到整個生活完全只有他自己一個人，這讓他不知所措。更令人不安的是，他對於試圖改變這種感覺，感到非常焦慮。他下載了一款約會應用程式，滑了一陣子，但就是不知道該說什麼來展開對話。即使他的老闆會舉辦社交活動，但你已經知道他第一次參加這類活動時，發生什麼事了。

你也有螢幕虛張聲勢症嗎？

那個可怕的雞尾酒派對之夜過後不久，范恩就來聯繫我。他一開始傳給我的訊息如同求救信號：「我不確定妳能否幫助我，但我想我需要幫助。」我們很快通了電話，好讓我評估一下他的狀況。

范恩首先開口：「就是，有的時候，我不知道怎麼與人交談。」

「有的時候？」我回覆。

「好吧，大多時候都是。」他承認道。

范恩試圖把自己定位成一個只需要快速指點一下，就能把問題解決的人。

「我可能只需要一、兩次面談，妳跟我說怎麼做就好了。」

隔週，我們約喝咖啡，同時評估他的狀況。范恩是那種你看到他，不會覺得他有什麼「現實問題」的人。他比一般人高，身材也不錯，雖然感覺有點像書呆子，但還是挺可愛的。如果在一般日常狀況下，我絕對不會發現他有社交焦慮，但當他坐在特大杯的減咖啡因、雙層杯裝海鹽焦糖摩卡拿鐵前面，他的臉漲紅了。

「那個。呃。對。」他結結巴巴的說。

他只需要一次面談？這就像在說我晚上只需要睡一小時一樣。

范恩有我所謂的**「螢幕虛張聲勢症」，只要在螢幕後面，不管打字或說話，都能鼓起足夠的信心與人交談**。很明顯，范恩其實非常能夠同理他人，當他在面對面的情況下變得彆扭時，他可以感覺到對方看出他的彆扭，並因此變得很不自在，而這樣只會加深他對面對面交談的恐懼。他絕對可以好好對談，但需要一點時間來熱身，如果對方不夠有耐心，對話就會失敗。值得慶幸的是，我只對自己的小孩沒有耐心，所以我後來還是讓范恩敞開心扉，更自在的和我交談。

我問他在工作時感覺如何。他說：「一開始很不好受。我是在大四時被僱用的，當時透過 Skype 面試，所以他們看不到我的手在發抖。我上班的第一週，就能看出老闆在懷疑是否不該僱用我。」

幸好范恩的工作做得很好，真的很好。他有很多有創意的想法，也可以毫無困難的陳述出來——不過要透過電子郵件。於是老闆把范恩在茶水間裡不太跟人互動的原因，歸結於年齡和資歷。但范恩知道，如果他不解決自己對於社交的恐懼，他的職涯將嚴重受阻，而週五晚上坐在沙發上的孤獨感，只會越來越強烈。

一開始，我會替他逐字代寫訊息和電子郵件，因為即使待在螢幕後面讓他感覺比較自在，他也想確保自己不會拒絕一次可能的約會、激怒他的老闆，或者趕走一個潛在的朋友。如果他有社交活動（這是我給他的功課）或要見一個新朋友，我們會花一個星期來準備。我陪他排練每個步驟，晚上再查看他的狀況。范恩最初當然既彆扭又不自在，但經過練習，他開始改變了——**提升社交技能和自信，就像在鍛鍊肌肉一樣，一旦你越常鍛鍊，就會變得更加習慣**；你負重越重，肌肉就越發達。最終，范恩熟練到不再需要我了，我也因此感到無比驕傲。

暴露療法，克服社交上自我孤立

我見過許多像范恩這樣的人。很多人因為焦慮或孤獨的循環，抑或是兩者都有，在社交方面自我孤立，而他們終於察覺到，如果跟人有更深刻的連結，生活可能會更好。然而，恐懼總是多少存在。

這是可以理解的。在商業活動中進行社交，感覺就像你被選為躲避球隊的一員。我的工作是教授人際關係，但有時當我踏進一個全場都是陌生人的活動現場，也會忍不住想躲在角落，避免眼神交流，一邊看手機，一邊慢慢吃著我不太喜歡的生菜沙拉。生活在螢幕後面簡單多了，你可以在遠處與人聯繫，沒有當面被拒絕的風險；你可以在按下傳送、評論或上傳之前，把訊息修改到完美無瑕。

就算很不舒服，我們也必須強迫自己。避開讓我們感到彆扭的情況，並不會讓我們變得更好。如果我們迴避人和事件，就等於是放任問題變嚴重，並且加深恐懼。一旦心裡滋生的恐懼越多，要邁出第一步就越困難。

我三歲的時候，被一隻蜘蛛咬到臉。我那半邊臉腫得面目全非，另一邊則完全正常，就像化妝示範出錯了一樣。我爸媽擔心我過敏性休克，馬上把我送到急診室。待醫生給我施打了抗組織胺藥物，腫脹隨後消退。儘管我康復了，但從那一刻起，我就有了蜘蛛恐懼症。

一直以來，我的尖叫聲就是在提醒我爸媽，我面前有一隻蜘蛛要殺，無論蜘蛛多大多小、有害無害，我尖叫聲的分貝都一樣。我身邊總會有人來救我——直到我大學二年級時，我自己一個人出去租房子（我說過，我喜歡有個人隱私）。我的房東非常困惑，為什麼我一個搆不到天花板的女孩子，竟然能在天花板上製造出許多凹痕。你知道嗎？電話簿可以有效殺死那種八隻腳的恐怖分子，而且還可以用丟的攻擊。網路扼殺了上述書籍的用途，真的很令人遺憾，它們明明超有用的。

二十多年來，我一直生活在這種恐懼中，直到我開始考慮克服恐懼。

有人建議採用「暴露療法」……你說什麼？你想讓我擁抱一隻捕鳥蛛？真是謝囉，我還寧願在自己身上點火。

有趣的是，像我這樣一個害怕蜘蛛（坦白說，也不喜歡其他蟲子）的人，竟然決定在墨西哥的叢林裡舉辦避靜會（Retreat，按：避靜是基督宗教的靈修傳統，意指從日常熟悉的生活中，退到一個遠離塵囂的靜謐之所，藉著簡單生活與專注祈禱的生活型態，與天主親密來往）。那裡甚至連牆壁都沒有。我們睡在屋頂由乾燥棕櫚葉製成的開放式住宅——帕拉帕（Palapa），就這樣於大自然中連住七天。我全身上下灑滿驅蟲噴霧，又在床的周圍打造一個薄荷油堡壘，但，天哪！我還是住在一群蟲子和蜘蛛之間，牠們無所不在，有些甚至和我的頭一樣大——欸，我的頭很大！

我本來會嚇壞的，不過我還要照顧二十個人，他們也很不好受的歡迎那些昆蟲新朋友。最後我撐過來了，沒有被活活吃掉，且我回到家之後，直到看見第一隻蜘蛛，才意識到自己已經改變了。跟你說，我雖然沒有擁抱牠，但我也沒有驚慌失措。我在不知不覺中證明了暴露療法是有效的。

為什麼我要分享這個我身為膽小鬼的故事呢？因為暴露療法可能對你也有效果。讓自己置身於不舒服的環境，有助於減輕伴隨著那些互動而來的焦慮。別擔心，我不會把你扔進叢林，讓你睡在沒有牆的地方。（說真的，我當時到底在想什麼啊？）但我會幫助你正視恐懼，不用殺蟲劑就克服它。事實上，本書的每一章都將為你提供一個應對這些風險的策略。

當你跨出你的舒適圈，會發生什麼事呢？你會製造出奇蹟。

我們在這個世界所感受到的焦慮和孤獨，讓我們止步不前，使得我們在邁向成功的路途上，遇到無形的瓶頸，進而損害幸福。

我們的「親和力」可以解決這些挑戰。

適應自己的真實模樣、建立連結，並創造真正的關係，如此將改變一切，你會從自身職涯的成功程度中感覺到。

身為一名演講者，我經常看到公司聘僱千禧世代或Z世代的演講者，來教導較年長的員工如何與年輕員工合作。但誰能幫助你克服已經造成的困境呢？說來很巧，我發現一件事：發明網際網路的電腦鬼才們──文頓．瑟夫（Vinton Cerf）和羅伯特．卡恩（Robert Kahn）（按：兩人一起發明了傳輸控制協定〔TCP〕和網際網路協定〔IP〕，這兩個協定成為網際網路核心通信協定的基礎）分別出生於一九四三年和一九三八年，屬於沉默的一代（Silent Generation）。經濟大蕭條和世界大戰，造成那一代人的沉默，然而現今的沉默，有很大一部分是受到他們所創造的事物影響。

我們不跟彼此說話、不互相連結了，但我們可以改變這一點。就從現在開始。

做做看！

行動

你在社交場合會感到焦慮嗎？如果會，你認為自己為什麼有這種感覺？

在社交場合中，你理想中的自己是什麼模樣？把它描述出來。你會有什麼感覺？在做什麼？在和誰說話？將這些寫下來，彷彿你現在身處現場。

你可以採取哪些步驟（即使是在閱讀下一章之前！）來改善你的人際關係？

心態

我樂於建立新的連結。

第二章　討人喜歡的人，有三項特質

我相信每個人的生活中都有一個梅蘭妮（Melanie）。

我認識的梅蘭妮，就是個自帶光環的女孩。在我們那間私立高中，雖然大家都要穿制服，但梅蘭妮的制服總是比較好看。當我們這些平凡的十幾歲女孩，還在處理堵塞的毛孔和不聽話的頭髮時，她珍珠般的皮膚完美無瑕，金色的頭髮柔順有光澤。

十七歲那年，她開著她嶄新的珍珠白BMW3系列，停在我老舊的二手八八年產福特皇冠維多利亞（Ford Crown Victoria）旁。我的車跑了超過二十四萬公里，明明車身是灰色的，卻有一扇黑色的門，而且雨天非常容易拋錨。在梅蘭妮靠著父母資助、開著時髦的車時，我在我的車故障第一百次的時候，以一百美元的價格，把車賣給一個名叫孤獨（Alone，這是他的真名，我以我家狗狗的幸福發誓）的人。這是真人真事。

我羨慕梅蘭妮，每個人都羨慕她。梅蘭妮有著看似完美的生活，這使她成為學校裡的女神，午餐時，每個人都爭著想和她坐在一起，每個男生都想帶她去舞會。我們都相信她會嫁給完美的男人，生下完美的孩子，開著絕對不會在高速公路上抛錨的車，繼續過她的完美生活。事情無疑會這樣發展。

畫面快轉到高中畢業十年後，我坐在當地的星巴克（Starbucks）裡，假裝在工作，實則逛網拍。突然，我療癒的購物行程被打斷了，有人出聲：「瑞秋？」我視線往上移，眉頭都擠出了紋路（在注射肉毒桿菌之前，眉頭確實是會皺的），隨後結結巴巴的說：「梅蘭妮？」其實我並不確定。她跟我記憶中的梅蘭妮很像，但我面前這個女人，感覺會喝下一整瓶粉紅酒、只睡兩個小時，然後在一個重要會議上遲到一個小時，再像陣龍捲風一樣衝進來。

她重重坐在我對面的椅子上，喘著氣回答：「對，是我。好久不見了耶！」

呃，是啊，梅蘭妮，妳到底是發生了什麼事？

我發誓我只有在腦海中提出這個問題，但我的好奇心肯定顯現在我臉上了，因為她接著說：「這十年很不好過。我爸因為內線交易被捕後，我爸媽就離婚了。

他們現在破產，還彼此憎恨。其實他們一直都很討厭對方，但我媽愛他的錢。」

她繼續說道：「我們付不起學費之後，我就不讀大學了，搬回去和我媽一起住。每個人都拒絕跟我往來，沒有人想和一個重罪犯的女兒在一起，而且我的BMW也被收回了。」

哇！我完全沒有預料到。首先，這段話比我們高中三年說過的話還多。**我從沒有真正了解梅蘭妮，只知道她營造的形象，以及一切大概是什麼樣子**。我從來都不知道，在表面的完美之下，隱藏著父母互相嫌惡、過分看重財富、缺乏真正友誼的痛苦。

突然之間，我想找到我那輛破爛的福特皇冠維多利亞，並且擁抱它。我相信買下車的孤獨先生不會介意。

如果你告訴高中時的我，梅蘭妮發生了這樣的事，我一定會撥一下頭髮，用我最拿手的雀兒．賀羅維茲（Cher Horowitz，電影《獨領風騷》〔*Clueless*〕主角）語調說：「最好是啦！」不過事實就是這樣，她生活的整個基礎都崩潰了，她不再閃閃發光、不再富有，也不再受歡迎，覺得自己處於最底層，只有自己一個人。她的朋友從來不是真正的朋友，只是一些認識的人，沒有深交。

在父親被捕之前的幾個月裡，梅蘭妮是大學女生聯誼會裡相當受歡迎的人之一。然而，當事情變得混亂且不可控制，她只能在沒有朋友援助的情況下，獨自收拾殘局。**閃閃發光的未必都是黃金，有時只是鍍金而已**。

高中時，我們避免觸及表面以下的東西，很多高中生總是重視表面的特質。就像Netflix的每一部青少年影集一樣，我們崇拜漂亮的人、運動員、有錢人家的孩子。不過隨著年齡增長和性格成熟，大多數人會意識到我們的價值遠遠超過我們的表象、銀行帳戶，還有體脂率。

幸好，高中生活跟真實人生不一樣。又或者，兩者是一樣的？

親密的人際關係，比名聲財富更能讓人快樂

事實證明，我們仍然認為完美的形象是必要的，這樣人們才會喜歡我們、愛我們，和我們共事。我們過度強調表面的東西，給自己加上濾鏡，直到在社群媒體上根本認不出那是誰。我們只發布生活中最精彩的部分，隱藏了自認為不會被認可的部分。

我們撒謊，很多很多的謊。

你知道六〇%的成年人在十分鐘的談話中，至少會說一次謊嗎？[11]

我們的網路生活是一個由謊言組成的全球網路，可悲的是，我們也預期它是如此！僅有三二%的人堅稱自己在社群媒體上一直都很真誠，且只有區區二%的人預期別人都很真誠。[12]

甚至在接受治療時，我們也會撒謊。在二〇一六年的一項研究中，研究人員發現，有多達九三%的人有自覺的對治療師撒過至少一次謊[13]，**五四%的人將他們**

---

11 "UMass Amherst Researcher Finds Most People Lie in Everyday Conversation," June 10, 2002, https://www.umass.edu/newsoffice/article/umass-amherst-researcher-finds-most-people-lie-everyday-conversation.

12 Michelle Drouin et al., "Why Do People Lie Online? 'Because Everyone Lies on the Internet,'" *Computers in Human Behavior* 64 (2016): 134-42, https://doi.org/10.1016/j.chb.2016.06.052.

13 Matt Blanchard and Barry A. Farber, "Lying in Psychotherapy: Why and What Clients Don't Tell Their Therapist about Therapy and Their Relationship," *Disclosure and Concealment in Psychotherapy*, November 2018, pp. 90-112, https://doi.org/10.4324/9781315229034-6.

的心理痛苦最小化，假裝自己比實際情況更快樂、更健康。拜託！我們明明身處在一個展現脆弱也無妨的地方，卻硬是端出一個「比較好」的自己。

謊言對我們的人際關係有何影響？對我們又有什麼影響？當我們撒謊（或被騙）的時候，要怎樣才能真正和別人交流呢？這當然做不到。

謊言正在扼殺真正的人際關係，讓我們感到焦慮，對我們的健康有害。[14]諷刺的是，當我們試著讓別人喜歡我們，卻忽略了關鍵要素——誠實。

在加州大學洛杉磯分校二〇一五年的一項研究中，參與者要根據「評估一個人是否討人喜歡時，此項特質的重要性」，給一連串形容詞打分數。[15]其中「真實性」（authenticity）、「真誠」（sincerity）和「理解能力」（capacity）的分數最高。

- 真實性：表現真誠。真實的。真的。
- 真誠：誠實的。沒有欺騙。不會表現虛偽。
- 理解能力：同理心。同情心。

隨著我們繼續替自己套上過多濾鏡，以創造完美的形象時，人們卻最喜歡那些有情緒智力（emotional intelligence，簡稱EI，按：能察覺與表達情緒，且能理解及調解自我與他人情緒的能力）的真實之人。

儘管廣大膚淺的網路能滿足你的自我，真正真實的連結卻能充實你的靈魂。

哈佛大學有一項橫跨了將近八十年的著名研究，與成人發展有關，該研究發現「**比起金錢和名譽，親密的人際關係更能讓人一輩子快樂**」。[16]

親密的人際關係——不是點頭之交、不是追蹤者、不是讚數——讓我們感到快樂，也可以帶來機會和成功。

---

14 Susan Guibert, "Study: Telling Fewer Lies Linked to Better Health and Relationships," Phys.org, August 6, 2012, https://phys.org/news/2012-08-lies-linked-health-relationships.html.

15 Travis Bradberry, "10 Things You Do That Make You Less Likable," July 1, 2016, https://www.businessinsider.com/10-things-you-do-that-make-you-less-likable-2016-6.

16 Liz Mineo, "Over Nearly 80 Years, Harvard Study Has Been Showing How to Live a Healthy and Happy Life," November 26, 2018, https://news.harvard.edu/gazette/story/2017/04/over-nearly-80-years-harvard-study-has-been-showing-how-to-live-a-healthy-and-happy-life/.

那我們現在怎麼做？

準備好要聽好消息了嗎？你可以透過學習讓自己更討喜、更有親和力。**我們可以將親和力和建立關係結合起來，這就表示能夠與他人產生共鳴並建立連結**。這些特點並不像藍眼睛、黑頭髮這類遺傳特徵。如果你是一個身高一百六十五公分的大一新生，夢想著在NBA打球，那我們會轉而討論「期望管理」。但現在，我們有機會處理那些可以塑造、建立和掌握的能力，無論你的初始狀態如何。

我的目標是讓你開始重新思考每一次互動、每一次連結，以及每一段關係。你要怎麼運用本書的內容，並且無論在網路上還是現實中，都能獲得更好的互動體驗？你要如何使用這些工具，在互動中變得更有自信，並獲得它們帶來的好處（也就是減輕壓力和變得幸福快樂）？

從專業角度來說，我觀察人們已有幾十年了，一開始是以訴訟律師的身分，然後是關係專家。雖然這兩條路看起來很不同，但兩者核心都在解讀人們的行為。那些擅長建立關係的人會做三件事，而且做得非常好：連結、溝通、激勵。

在整本書中，我們將深入研究這些基本原則，以及它們的細微差別。以下是接下來的內容一覽：

連結（第三章到第五章）：當你做真實的自己、自信而正向的時候，你與他人連結的能力才能發揮出最大潛力。我們將移除濾鏡，設置一個舞臺，讓你可以展現自己，展現那些美好的不完美和所有一切。我們還會擁抱內心的壞蛋，學會放下負面的自我對話。生活不會總是美好順遂，但我們將學會擁抱正面思考並選擇樂觀以對。

溝通（第六章到第八章）：與其他關於溝通的書不同，我們將走一條不同的道路，聚焦在成為優秀溝通者所需的情緒智力上。一個人必須感覺到被看到和被聽到，才有辦法感覺到與他人的連結。**在這個低頭族盛行的時代，我們要怎樣才能更處於當下呢？**我們還會探討「順應」（依據對方狀態，做出適當反應）的藝術，在這方面，運用「理解能力」必不可少。最後，我們將以溝通的語義學來總結，也就是用詞的問題。

激勵（第九章）：善於連結和溝通會讓你脫穎而出，但接下來呢？要激勵你進入到下一個層次。在這個部分，我們要確定你的「下一步」，讓你成為吸引人的燈塔，就像捕蚊燈吸引蟲子靠近一樣，只是無關乎死亡和可怕的清理工作。

第十章到第十二章還會談到如何處理你在建立這些連結時，可能面臨的各種挑戰。總是習慣討好他人和沒有界線的人，我在觀察你們呢。

第十三章是你在這個世界上與人保持連結的路線圖，如今，我們透過視訊進行的互動比面對面還多，我們的眼睛現在不僅是靈魂之窗，還得在戴著口罩的同時，展現出整個面部表情。

本書將告訴你要怎麼進行，讓你：

- 擴大社交網絡——不管理性或感性方面。
- 在現有的關係中建立更深的關係。
- 建立可持續和有意義的專業關係。

其實你天生就會這些了，我只是在幫你鋪平道路，讓你的改善之旅更輕鬆。

再令人反感，都有機會改變

任何人都可以變得很有親和力，就算他們一開始非常無禮，或是被稱為「最壞的人」。有些人即使毀了我出生地的名聲，也還是能受到大家喜愛。

我很幸運的生活在一個美麗的沿海地區，它沿著大西洋綿延了約兩百公里。在我三十年兩個月又四天的人生當中，除了當地居民或來這裡度假的人之外，沒什麼人真正認識我所居住的海岸地區。我在旅行途中遇到的大多數人聽到紐澤西（New Jersey），都只會想到紐華克機場（按：即紐華克自由國際機場〔Newark Liberty International Airport〕，位於紐澤西州）及其周圍的煉油廠。我不想糾正他們，因為我們不需要增加額外的遊客，在夏天時占領這片迷人的海灘。

在經歷了一萬一千零二十三天沒沒無聞的美好生活後，一個小小的電視節目開始在MTV頻道上播出，對我們當地人而言，一切都改變了。

《玩咖日記》（*Jersey Shore*）——這個真人實境秀的內容，為八名晒得黝黑、噴了一大堆髮膠的室友在紐澤西海灘避暑時的滑稽事件。他們大部分時間都花在派對和爭執上，而這個節目幾乎是一推出，就轟動了流行文化圈。即使十幾年過去（按：《玩咖日記》在二〇〇九到二〇一二年間播出，共六季），每當有人問我從哪裡來，聽到我的回答時，他們就會拳碰拳並哼著動感的節奏。

我可以花時間爭論說，最初的八名成員中，只有兩個是紐澤西人（拜託，史努姬〔Snooki〕來自紐約的波啟浦夕市〔Poughkeepsie〕）。我也可以解釋說，我住的那片海岸寧靜祥和，才沒有吵鬧的夜店和重低音大聲到讓人昏頭的車子，但計較這些也太小家子氣了。

在這群未能準確代表紐澤西人的演員陣容中（好啦好啦，我不說了），有個人名叫邁克·索倫提諾（Michael Sorrentino），他又叫做「the Situation」（狀況之意，也簡稱 Sitch）。

他之所以有這樣的綽號，是因為他的「腹肌塊塊分明得很誇張，就是這種『狀況』」（按：曾有女性因讚賞他的腹肌而引起男友不滿，邁克的友人形容此「出狀況了」）。他喧譁招搖、惹人討厭，並且深陷「健身、晒黑、洗衣服」的生活方式中，而這節目正是因此出名。他白天都在練腹肌，晚上則是參加盛大的派對，盡可能的物化女性，並在每一個轉折點上製造出戲劇性。

邁克是膚淺的典型人物。雖然一開始就讓人覺得很煩又傲慢，但隨著一季季發展，他變得越來越令人反感且自大。二〇一三年有一篇文章稱他為「實境節目歷史上糟糕的人」。[17]

然後，他撞牆了。就是字面上的意思沒錯。

邁克在義大利拍攝時，一頭撞在水泥牆上，因為他以為那是石膏板。有夠痛的。而他後來承認，這個意外跟他自我誘導停用波考賽特（Percocet，嗎啡類止痛劑）有關，因為這種處方藥在海外不易購得。

在那次事件之後，邁克開始認真治療藥物濫用問題，經過了三輪康復治療，他在二〇一五年恢復清醒。除了藥物成癮之外，邁克還曾被控稅務欺詐，在聯邦監獄服刑八個月，可說是從過去古銅色肌膚的優雅生活中墮落。

二〇一八年，演員們在《玩咖日記：家庭假期》（*Jersey Shore: Family Vacation*）中重聚。邁克出現時，幾乎沒有人認得他了，他變得善良、恭敬、有自知之明，而且很清醒；還有，他整個人變得謙遜，對自己的行為負責、誠實面對自己的錯誤，並與其他演員和他現在的妻子建立起牢固的關係。

「狀況」從一個很有娛樂效果但很討人厭的人，變得……討人喜歡。他很真

17 Tanya Ghahremani, "The Worst People in Reality TV History," August 14, 2013, https://www.complex.com/pop-culture/2013/08/worst-reality-tv-stars-ever/.

實，而且非常有親和力。即使你和他沒什麼共同之處，也沒有類似的經歷，你也能看見他人性化的一面，感受到與他的連結。

如果他還是過去的玩咖，我一點也不想坐下來和他一起喝咖啡，但如果是2.0版的邁克呢？當然願意。

人類就是看「感覺」的生物

讓自己變得更討人喜歡、更容易與人建立連結的道路，可能會很崎嶇曲折。我自己也經歷過，而且我很慶幸我的回復之路沒有涉及康復治療或顱部損傷。

我小學時完全沒朋友，只能和老師一起吃飯；沒有去朋友家過夜，沒有玩伴，下課時間也沒玩遊戲。就只有我、我的頭腦，還有十三公斤的贅肉。我把我不受歡迎的部分原因，歸咎於和眾多標準童裝模特兒相比，我比別人胖很多，但其實是因為我很惹人厭。

我認為我什麼都懂，所以總是高舉著手，且當我答對每一個問題，就擺出一副優越的樣子，就是要讓大家知道我什麼都懂。那時的我既招搖（現在還是）又固執（對，現在也還是），但就是沒什麼情緒智力，無法理解自己的行為會招人反感。我也會渴望擁有朋友和人際關係，但十歲的我並不知道要怎麼做。

還好，隨著年齡增長，我的情緒智力也提高了。我開始意識到，如果我改變自己的行為方式，哪怕只有一點點，我也可以在表現聰明的同時討人喜歡。我開始多用耳朵而不只是動嘴巴，且學會了自嘲式幽默的力量，我還了解到**自信不是一件壞事，但傲慢會讓大多數人遠離你。**

說到底，我們都是單純的生物。你越真實，你的人際關係就越深厚。那些讓我們感覺良好的人、傾聽和參與的人、誠實和真摯的人，還有讓我們感覺比以前更好的人，往往吸引著我們。

「我明白了人們會忘記你說過的話、忘記你做過的事，但他們永遠不會忘記你帶給他們的感受。」——馬雅．安傑洛（Maya Angelou），詩人

接下來的章節將幫助你成為那般具有吸引力的人。你距離難以抗拒的討喜又更近了一步。

做做看！

行動

列出你生活中最受人喜愛的人，以及他們的特質。

你認為自己在哪些方面還有成長空間，以變得更討人喜歡？

心態

我很討人喜歡，而且很容易與人建立連結。

PART.2

完美是好事，
但假裝完美讓人很累

第三章　濾鏡加過頭，沒人當你是朋友

先花點時間回想一下，你上次遇到、馬上就能和你產生連結的人，也就是能讓你覺得「我願意花更多時間和這個人相處」、「這個人絕對可以成為我的朋友」，或「哇，我願意和他們一起工作」的人。這種情況並不常發生，但一旦發生，那是無可否認的。

這個人有什麼特質，才會讓你產生這些想法呢？我敢保證，絕不是因為他們開的是哪種車、鞋子有多貴，或他們的最新創意有多棒，他們也絕不會是那種在意自身表象大於彼此交流的人。肯定比這些來得更深入。

能讓我們立刻產生共鳴的人，是因為感覺很「真實」。

真正的連結發生在我們做自己的時候。當你放下完美的行為、面具和外表，展現真實的自我時，你與他人之間的連結就形成了。**我們必須願意展示真實的自我，這樣才能讓人們真正理解我們。**

話雖如此，我們卻經常戴上各式各樣的面具，因為我們總認為，只有當我們完美無缺，我們遇到的人才會想跟我們建立連結、喜歡我們、愛我們、加入我們的組織，或者僱用我們。

事實證明，完美是個謊言。沒有人是完美的，沒人能做到毫無缺點，也沒人指望你是如此。但我們還是這樣，相信世界要求我們完美無缺。

一項針對四萬多名大學生的研究發現，從一九八九年到二〇一六年，人們的完美主義增加了一〇%，亦即**人們的內在信念為「我應該要完美無瑕」**。[18]更令人吃驚的統計數據是，這種**信念增加的原因，有三三%來自於要求完美的社會壓力，比如「別人希望我很完美」**。[19]不過，考慮到相應發明問世和社群媒體興起，我想這也不至於讓人太過吃驚。

全球有近四十億人在使用社群媒體，這個數字預計還會繼續增長。社群媒體創造了拓展人際網絡的機會，遠遠超出二十年前能做到的程度，但這些連結是真實且持久的嗎？要是人們可以用 Photoshop、FaceTune（自拍編輯 App）等加濾鏡加到根本認不出來呢？要是人們可以透過發文和照片假裝分享自己的生活，但事實上，這種積極正面時刻根本少到可憐呢？

與二十年前相比，現在世界已經不一樣了。過去也有追求完美的壓力，但比起我們現今所處的環境，當時的壓力小多了。

我們那種「永遠不夠完美」的焦慮，源自家人、朋友、同學或同事。當然，校園裡有很多霸凌我的人，給我帶來影響，呃，甚至創傷，但我還是挺過了大學生活，沒有因為網路上那些陌生人的評論而受到傷害。直到三十歲時，我都還不必知道哪個人認為我的眉毛是歪的。

我知道許多讀者過去沒有這種樂趣，將來也不會有。但現在連小學生都有IG和抖音帳戶，你的生活從第一天開始就被展示在大家面前，因為我們已經成了一個社群媒體下的社會。前述媒介創造出完美到令人難以置信的表象，而我們得先了解這種媒介對我們造成了多大影響，才能來談論真實性。

18 Thomas Curran, "Is Perfectionism Rising over Time? A Meta-Analysis of Birth Cohort Differences from 1989 to 2016," 2018, https://doi.org/10.31234/osf.io/pkxa.

19 出處同注釋18。

濾鏡加過頭，無助於人際交流

不久前，我參加了一個有一堆「網紅」出席的活動。當中一些女性，我已經關注了很長一段時間，而且總是羨慕她們的貼文內容，想買她們代理的衣服，還認為我們絕對可以相談甚歡、一起喝杯雞尾酒。但到了現場，我們面對面，喝著免費的雞尾酒，我卻根本認不出她們。

我不是說我需要花點時間，把線上靜態的照片和活生生的她們連結起來，而是指——這兩者看起來完全不一樣！更令人震驚的是，她們的行為也完全不同，根本就是另一個人！太誇張了。**這些人創造出一個只存在於網路上的角色，它可以轉化為讚數和留言，但沒辦法創造出實質的人際關係**。

畢竟，她們在現實生活中根本是完全不同的人啊！然而她們並不孤單。事實上，**我們每個人都在網路上撒謊，而且我們預期別人也會撒謊**。

一項研究發現，只有一六%到三二%的人在網路上是誠實的，而期待別人都很誠實的人，更是只有〇%到二%！[20]我們真的把「謊話連篇」（web of lies，謊言之網）提升到了一種全新的境界。

我並非意指濾鏡是個可怕的發明，然而就像大多數的創新一樣，我們得牢記伊卡洛斯（Icarus）的教訓。

伊卡洛斯是希臘神話中代達羅斯（Daedalus）的兒子，他獲得一對父親打造的翅膀，使他能夠飛翔並逃脫米諾斯國王（King Minos）的監禁。代達羅斯警告伊卡洛斯，不要飛得太靠近太陽，否則翅膀上的蠟就會融化。但伊卡洛斯就和我的孩子們一樣，無視父母的叮嚀，飛得太靠近太陽，翅膀也隨之融化，他就落海溺斃了。

很黑暗的故事對吧？確實如此，因為這是個警世故事。發明可以充滿驚奇，但我們也應該保持警惕，以免過度使用，尤其是在過度使用這些工具會掩蓋掉真實的自己時。

在 FaceTune 和 Photoshop 出現之前，你會聽到人們（不分男女）說：「幫我從那邊拍過來，我這一邊比較好看。」現在不同了，我們已經不再展示自己的樣

20 Michelle Drouin et al., "Why Do People Lie Online? 'Because Everyone Lies on the Internet,'" *Computers in Human Behavior* 64 (2016): 134-42, https://doi.org/10.1016/j.chb.2016.06.052.

貌，轉而開始展示我們希望自己呈現的樣貌。別忘了，你「好看的那面」，還是你真實自我的一面。

加濾鏡美化自己，比接受自己來得容易；在網路上假裝自己已經很完美，也比接受自己正在努力進步容易得多。但其實，你可以在想要改變自己的同時，依然真正滿足於當下的自己。飛很高、加濾鏡，這都沒關係，就是別太超過、太靠近太陽。我建議一切都要適度，就像喝酒一樣！

接受真實自我，也是在鼓勵別人這樣做

我們加濾鏡的不只是外表，而是整個人生。而且不只在社群媒體上，我們在現實生活中也會說謊。

於上一章，我們已經知道謊言在人類對話中氾濫成災，美國人平均每週說謊十一次。[21] 說謊不僅對你的健康有害，對你的人際關係也很糟糕。[22]

在建立關係的各個方面，「真實性」這個要素都必不可少。想想看，如果沒人知道真實的你是什麼模樣，他們要怎麼真正跟你建立起連結呢？無論我們是在推

銷自己，還是推銷某些有形的東西，我們都必須努力做到真實。

我在擔任律師期間，對自己和人類的一般狀況有了很深的體悟。你知道有二八%的律師患有輕度或重度憂鬱症嗎？[23]可沒有人會在法學院的宣傳手冊上強調這一點！

在通過律師資格考試之前，我有幸在就讀法學院階段，就取得了相當程度的成功。我在課堂上表現優秀，也非常幸運在一家著名的律師事務所，得到了夢寐以求的暑期助理職。當過暑期助理的人，畢業後便能受到錄用、展開正式的全職工作，而事務所的大多數合夥人（**partner**，按：美國律師事務所多採有限責任合夥制，

21 Bella DePaulo et al., “Lying in Everyday Life,” *Journal of Personality and Social Psychology* 70, no. 5 (May 1996): 979–95.

22 “Lying Less Linked to Better Health, New Research Finds,” American Psychological Association, https://www.apa.org/news/press/releases/2012/08/lying-less.

23 Patrick Krill et al., “The Prevalence of Substance Use and Other Mental Health Concerns Among American Attorneys,” *Journal of Addiction Medicine* 10, no. 1 (2016): 46–52, https://doi.org/10.1097/adm.0000000000000182.

高級律師可往上升為合夥人，取得企業管理權）都是從這條路開始的。我幾乎可以預見自己未來的成功了。

這間事務所非常嚴肅、謹慎且認真。裡面的員工非常賣力工作，我從沒見過他們放開玩樂。公司的手推點心車在大廳來來去去，以確保我們隨時都能補充咖啡因，而且稱呼所有的律師，都要冠上先生或女士等稱謂。沒有什麼可以違抗偉大的計費工時，你最重要的任務，就是達成一定的業績。

我每天早上七點半到公司，有一半的同事已經坐在辦公桌前，整理最新的簡報。「晚到」的人（如：早上八點才到）會請同事倒一杯還冒著熱氣的咖啡，幫他們放到桌上，這樣看起來就像他們已經到辦公室了。

傍晚，我會在六點半左右偷偷溜走，這正是大多數律師精力充沛的時候。我會「忘記」關燈，以免有人經過並注意到。在這家公司裡，挑燈夜戰不只是一句成語，更是一種生活方式。

除了面對辦公室裡滿坑滿谷的案卷外，律師們晚上會參加必要的社交晚宴和雞尾酒會，緊接著回來參加早餐會議。他們的工作量連最能利用時間的人都吃不消，但他們都堅持到底，這真的很令人佩服。

至於我，我把自己的工作都做了，而且做得很好，但我知道他們都在想，為什麼我沒有和其他暑期助理一樣待到晚上八點。我知道他們都在質疑，週末時我為什麼要把工作帶回家，而不是整個週末都待在辦公室。我知道他們都想探究，為什麼到了晚上九點，大家還在暢飲紅酒的時候，我就悄悄離開社交活動現場。我也知道他們都很懷疑，為什麼一個二十四歲的女生，顯然沒有她的同儕那麼盡忠職守。而且我百分之百確定，他們完全不知道我在隱瞞什麼……。

我四歲的兒子。

你知道要隱藏一個人有多累嗎？

我避免進行過於隱私的談話，若有人談起自己的個人生活，我會微笑點頭，但從不說自己的事。很明顯，我可能不適合那個環境。有一次，其中一個同事被問到：「鮑伯（Bob），你有幾個孩子？」他回答：「四個。但不要問我他們的名字和年紀，那會讓我很丟臉。」另一個同事也開玩笑說，他根本不知道小孩的老師是誰，在過去九年裡一概不知。我想說，雖然我沒有家長會長那麼厲害，但我兒子的大部分老師我都叫得出來。

你是否曾經非常想融入某個地方，以至於你試著變成另外一個人？

很顯然，這間事務所有一種根深柢固的文化，也就是讚賞那種沒有累贅、只專注工作的人。不過這對一個帶著四歲孩子的單親媽媽來說，恐怕沒辦法。

我選擇了一個極為競爭的行業，而我能否獲得全職工作的機會，可能取決於在辦公室的視訊通話。至於我成為合夥人的機會，或許會因為喜愛某件事或某個人而受到阻礙，而不是因為計費工時。我過去曾因這麼年輕就有孩子，受到嚴厲的批評。這一切構成了一場十足的風暴。

所以我決定隱藏，藏起了自己最美好的一面——我是一個母親，一個深愛著自己孩子的母親，總是選擇孩子而不是工作。我當然非常害怕，怕被人認為不夠完美，又擔心被人品頭論足，也擔心失去這個賺錢的機會。

說謊或隱瞞真相，會對一段萌芽中的關係造成什麼影響呢？肯定是沒有助益的。事實證明，要把一個孩子永遠藏起來有點困難。我終究還是把我有兒子的事告訴了所有人，他們都很震驚，畢竟那時我已經在事務所待了快兩年。他們說他們理解，最終也還是給了我（在我看來很不情願）全職工作的合約，但我拒絕了，因為我想找一個更適合我家庭的工作。

雖然那間公司的環境本來就不適合我，但我們還是來看看這個謊言造成了什麼後果：信任遭到破壞，人們對我的看法隨之改變；我完美的形象崩壞了，但不是因為我兒子，而是因為我的謊言。

破壞一切的不是犯罪本身，而是掩蓋事實的行為。我們沒辦法信任欺騙我們的人，也無法和那些不真實的人建立連結。

我不知道如果我一開始就說實話，會發生什麼事，我也永遠不會知道了。我唯一意識到的，是「假裝成另外一個人」的焦慮。所以我可以很肯定的告訴你——**假裝完美讓人感到筋疲力盡**。

當時還有兩種可能，兩種都能讓我感到無拘無束：我大可從一開始就坦誠相待，如果他們接受了，我就可以在公司裡開闢一條新的道路，進而能夠在不需要一直露面的情況下，履行我的職責；或者，我誠實相告，結果沒有得到那份工作，那我也會因此知道這份工作不僅對我來說並不理想，對我的整體成功或幸福而言都不理想。

我們之所以向別人隱瞞事情，其實是因為自身觀點。我們內心上演各種小劇場，阻止我們分享自己的故事和生活，但明明採用另一種方式時，我們的過去反而可以成為優點。我們實在太害怕被拒絕、排斥，所以傾向於假裝擁有完美的生活。

你被假裝很完美的人吸引過幾次了？坦白說，我敢保證，大多時候他們都會讓你完全抓狂。

是的，我很年輕就生了孩子，但在當媽媽的同時，我也以優異的成績從大學和法學院畢業。這並不容易，我也不得不掩蓋一些不光彩的過往，但每一次熬夜都是值得的。我的人生道路，是一條人們能夠理解且感同身受的道路，而我的不完美可以創造出親和力。

在通往成功的路上，人人都有過去，以及必須克服的挑戰。我們不見得會談論這些事，但也許我們應該這麼做。如果說出「你是什麼樣的人、克服了什麼困難、是什麼讓你成為現在的你」，會讓某些人排斥你的話，那這些人跟你就不是同一國的。

我們的故事塑造了我們。我們的故事讓我們產生連結。

但是，要分享如此私密的事情所產生的恐懼呢？又該怎麼辦？

我剛剛分享了一個非常私人的故事，這很容易受到攻擊，而我知道對某些人來說，分享私事可能會很不舒服。然而，從這一刻起，我想鼓勵大家，開始與我們遇到的每一個人分享更多的自己。

你有沒有注意到，當你分享事情，其他人常會覺得要回饋和分享回來？**如果我們開始把一些真實和脆弱的自我分享出來，就是在鼓勵別人也這樣做。**

第一次分享你的故事、分享你的真相，如此卸下防備與坦露真實面，可能是件很困難的事。但我可以保證，從你接受真實自我的那一刻起，一切都會改變。要是我們礙於呈現出來的表象，反而變得戰戰兢兢、沒有自信，這樣真的好嗎？

你為什麼覺得有必要美化真相？

不夠好而偽裝自己，開啟惡性循環

艾莉（Ally）來找我幫助她尋找愛情。她是一個四十二歲的漂亮女子，經濟穩定，事業有成。艾莉已經離婚將近五年，對約會感到沮喪；在這五年中，她初次約會過數百次，但很少有第二次約會，而且沒有一個約會對象能發展成長久的關係。

我們談論了她為找到真命天子所做的努力。艾莉因為工作很忙，所以大部分約會都是透過交友軟體約成的。我請艾莉把她的交友資料傳給我，那些內容讓我驚訝到嘴巴都闔不起來——只見每張照片都加了濾鏡又再編輯，根本認不出是她；她的自我介紹也完全是另一個人，雖然上頭寫著「喜歡露營」，但我知道她認知裡的最佳戶外活動，就是逛露天購物中心。

難怪她從來沒有第二次約會！想像一下，如果你滿懷興奮的赴約，期待見到一直在跟你聊天的那個人，卻發現他們在現實生活中看起來完全不一樣，你會怎麼樣？還有那些共同的興趣呢？也不是真的。

我問艾莉：「妳為什麼不展現真正的自己呢？為什麼要用這麼多濾鏡？為什麼不分享妳真正的興趣？」

她回答：「因為真正的我不夠好。」

那種「不夠好」、缺乏自愛的感覺，通常就是我們害怕展現出真實自我的原因。然而，這形成了一種惡性循環。在艾莉這樣的情況下，約會被拒更強化了她「不夠好」的感覺。而這也帶出了一個問題：要是她展現出真正的自己，又會發生什麼事呢？

我可以肯定的說，**沒有第二次約會絕不是因為她缺乏吸引力或魅力，我認為是因為她的約會對象覺得自己被騙了**。欺騙可不是開始一段關係的最佳基礎。

我們無法治癒看不到的東西，如果你害怕表現得更真實，那麼是時候讓自己弄清楚原因了。為什麼讓人進入你的世界很可怕？你為什麼要隱瞞真相？害怕被拒絕、被評判，或感覺自己不夠好，這些都可以透過行動來克服。

是時候開始扮演「你」這個角色了。

用真實的自己建立連結

最後提醒大家：卸下防備，拿下面具，分享你的故事。

我並非強烈希望向世界袒露我的靈魂，但我知道，我有義務讓人們曉得自己並不孤單。我知道，每次我分享自己的故事，哪怕只是其中一部分，我都與一些陌生人產生了連結，他們可以從不同的角度看待自己的旅程。分享那些讓你變得堅強的事物吧。不論是身為領導者抑或伴侶，都需要卸下防備、露出脆弱面，才能真正建立連結。

膚淺的廣大網路可以自我滿足，深刻真實的連結才能滋養你的靈魂。

做做看！

行動

想想那些你表現得很不像你的時刻，無論是刻意為之還是直覺反射。把你展現自己的方式描述出來。

____

當時是什麼狀況？對方有什麼反應？

____

描述一下你希望自己當時應該怎麼樣。

____

是什麼讓你無法真實的展現自己？要如何克服這個問題？

____

你打算怎麼做，好讓自己在互動中變得更加真實？

____

心態

我已經夠好了。

第四章　有些人就是不相信，真的會有人喜歡我

克里斯（Chris）走進會場時，胸口一直有種緊繃感，他試著像法式濾壓壺那樣，把這種感覺壓下去。很可惜，他的努力並沒有創造出美味的高咖啡因飲料，反而導致焦慮蔓延到他整個上半身。

他知道這些業績數字很糟糕。他知道部門主管們和他一樣壓力很大，正在等待指引或某種援助。公司裡充滿了工作過度、不受賞識的員工。

克里斯咬緊牙關，用盡最後的努力恢復鎮定，然後在會議室主席座位的大皮椅上坐了下來，心想著如果用拳頭猛擊桌面，打碎那張昂貴的玻璃桌，是否會讓他感覺好一點。

「我們必須做得更好，」他開口：「『你們』必須做得更好。你們的團隊到底怎麼了？你們有看到這些數字嗎？太丟臉了，這是你們的責任。在月底之前，如果你們的業績沒有改善，你們就完蛋了。」說完，克里斯氣沖沖的離開會議，他試

圖砰的甩上門，但由於液壓鉸鏈緩衝了力道而失敗了……有夠尷尬。

回到辦公室後，克里斯重重的舒了一口氣。他把該說的話傳遞出去了，然而，緊繃感依然存在。他警告他的團隊，讓他們有丟掉飯碗的危險，但他也知道，除非銷售有所改善，否則自己的位置也不穩了。他一屁股坐在定價過高的董事長椅上，喃喃自語著：「我做得爛透了。」

克里斯是個非常聰明的人，他可以光靠觀察就找出問題所在，而且憑著直覺就知道如何修補問題。克里斯的靈魂伴侶就是數據資料。在商業方面，他是個天才，這就是為什麼他在四十二歲時，就被任命為公司最年輕的執行長。

但人際關係方面呢？那就是另一回事了。克里斯離婚了，再也沒有興趣去找人約會。他有一些朋友，但沒有一個和他關係親密。

而他缺乏社交技能的特質，直接轉化為差勁的領導能力。他採用了犯罪劇情片《四海情深》（*A Bronx Tale*，按：講述一名義大利裔美國人從少年至青年階段的經歷，他深受父親和一位黑手黨大人物的影響）裡的領導方式，在這種方式中，他寧願令人害怕，也不願受人喜愛——他從大學就開始採用這種方式了。

在整個青春期，克里斯的聰明才智從未轉換為受歡迎程度。高中時，他總是低著頭專注做事，而且很孤獨。但他野心勃勃，堅信只要有一輛法拉利（Ferrari）和一間頂樓公寓，就能夠填補這種空虛。

克里斯很好學，他開始觀察身邊那些他眼中的成功人士，像是他實習遇到的債券交易員、經營著一家價值數百萬美元的公司的朋友父親、他母親那間律師事務所的老闆等。問題是，這些人都是……呃，混蛋。就在那時，這名有著聰明頭腦又充滿抱負的十六歲少年，受到了這些人影響，決定在大學裡採取一種不同的方法：他要成為……一個混蛋。

克里斯採用了「一直假裝到成功為止」這個方法，而且還奏效了。他那種裝出來的傲慢，為他帶來一群朋友（或至少是他可以假裝成朋友的人），還有一些自尊心低落的女性，她們唯一的願望就是讓他喜歡她們。他那虛假的自我，為他帶來了工作、妻子（雖然只有一年）以及成功。

一直以來，在這一切的背後，克里斯仍然是一個高智商的優等生，但他**缺乏實質的自我肯定或社交技能**。過去二十多年來，他一直躲在自大的面具後面，這種偽裝在銷售額高的時候可能很有用，但讓他登上執行長職位的自負，卻無法幫助他拯救一艘正在沉沒的船、扭轉頹勢。

克里斯不想要我的協助。有一次，我在研討會中發表了以領導力為主題的演講，他公司的一位董事會成員正好有參加，並且提議找我到他們公司，但不是為了克里斯，而是為了整個管理團隊。

我去他們公司那天，馬上注意到他辦公室的牆上和書架上，堆滿各種榮譽獎座，就算那個獎項來自南極洲的商業領袖團體，一樣放在那展示。他的辦公室很大、位在最好的位置，且擺滿了非常昂貴的家具，種種一切都彷彿在大喊：「我就是這裡的負責人！」

在正式談話之前，我不會做出任何先入為主的判斷，但我真的對他非常好奇。至於接下來發生的事情，有點令人驚訝。

克里斯重重坐在椅子上，這把椅子巧妙的放置在距離訪客座位三公尺遠的地方，兩張椅子之間隔著一張氣派的楓木桌，強調了我們之間的距離。他惱怒的嘆了口氣，說：「我覺得問題在我。我知道妳來這裡，是為了評估我們團隊和領導階層的關係，但我就是個問題。」克里斯繼續說明他如何成為執行長，**怎麼用驕傲自大來掩飾自己的不安全感，以及他的雙重性格如何讓他變得乏力**。

克里斯是我見過的聰明人之一，內心卻很焦慮不安。他年輕時曾嘗試展現各種版本的自己，看看大家對哪一種的反應最好，結果發現比起有雄心壯志、聰明又勤奮的人，假裝成一個自負自誇的混蛋，似乎比較容易成功，儘管前者比較符合真實的他。雖然他的脆弱面已經瀕臨絕望，但他仍保持著驚人的自我意識，我非常欣賞這一點。

他已經厭倦了裝模作樣，厭倦了假裝有自信且能統領一切的樣子。他想要真正的自信和領導力，並成為更好的領導者、更好的朋友、更好的合作夥伴，但這一切都不會發生在由謊言構成的基礎上。他很清楚自己目前的經營方式會使公司陷入困境，也會讓他自己跟著垮掉。

不安全感也會造成信心缺口

尼克（Nick）看到我出現在《走進好萊塢》後，經由我的網站傳來訊息。在那一集節目中，我給了一對試圖挽救關係的夫妻一些建議，而那番話觸及了尼克的痛處。

尼克和漢娜（Hannah）已經交往一年半了，他非常希望能和漢娜共度餘生。

一開始，兩人的關係很簡單也很有趣。他們週六晚上會玩到很晚，然後共度懶洋洋的週日早晨。他們見過彼此的朋友和家人，每個人都相處得很融洽。

漢娜是尼克過去沒意識到自己一直在尋找的一切，也是他現在離不開的人。他以前從來不知道，**這樣的情感深度，也會帶來強烈的不安全感**。畢竟，他十歲時父母就離婚了，他父親後來在兩千多公里以外的地方組了新家庭，但他自己從未考慮過感情之類的事情。

事實證明，頭腦和心是會聯合起來反抗我們的。

隨著尼克越愛越深，他也越發害怕被拋棄。他的痛點是完全可以理解的，但那些潛意識中的想法，會讓人做出非常不受歡迎的行為……他開始死黏著漢娜，每一分鐘都必須一起度過，如果她不馬上回訊息或電話，他就會抓狂。儘管漢娜比較希望等到畢業一陣子之後，工作比較穩定時再結婚，他還是想要一畢業就結婚。

他抓得實在太緊了，使得她現在只想掙脫束縛。

他給我的訊息簡單，卻又令人心碎：「我很確定我正在毀掉這段關係。請在我把一切搞砸之前幫幫我。」

被父親拋棄，在尼克心裡留下一個從未處理或填補的信心缺口。因為父親離開而導致的不安全感，會毀掉他想要持續一輩子的關係。

不是不夠好，是自我厭惡過了頭

凱莉（Kelly）一下子緊張的啜飲面前的紅酒，一下子用力的擰著大腿上的餐巾。他遲到了，也許他不會來了？她有那麼幸運嗎？就在她幻想要穿著睡衣、抱著一碗爆米花窩進沙發時，她的手機跳出一則訊息：「抱歉，路上塞爆了，現在在停車。終於要見到妳了！」

唉唷，他為什麼不取消約會，免得她再次遭受約會失敗的痛苦呢？

六個月前，她的上一段感情結束後，她真的吃了不少苦頭。她的前男友固然沒有野心、冷漠、不善良，但至少處於那段痛苦的關係裡，她不必努力去找人約會。但她活該如此，對吧？畢竟她不是個搶手的人。至少她是這麼認為的。

除了自尊心跌落谷底，凱莉最近還因為荷爾蒙失調而胖了好幾公斤。七公斤對一個兩百公分的人來說，可能不算什麼，但在她一百五十五公分的嬌小身材上，感覺就像多了五十公斤。即使她寧願躲起來，直到荷爾蒙開始乖乖合作，但三十七歲的她，面臨著生理時鐘的催促。因此，她繼續尋找約會對象。

馬克（Mark）走進餐廳，尋找應用程式上照片裡的人，當他的眼神落在凱莉身上，他讓人幾乎察覺不到的皺了皺眉頭。他帶著真誠的微笑走近：「凱莉？」她點點頭，站起來彆扭的和他擁抱一下，就像個十三歲的男孩被迫擁抱他的祖母一樣。擁抱之後，凱莉馬上說：「我知道，我可能和你想像的不太一樣。」她開始緊張的撫平緊貼在發福臀部和肚子上的洋裝。

在接下來的十分鐘裡，凱莉一直在數落自己和外表。她解釋道，雖然她以前也沒有到非常瘦，但至少比現在瘦，不過她也不想換檔案的照片，因為她害怕沒人想跟她見面。

幸好這時，服務生來為他們點菜：「你們決定好了嗎？」馬克不自在的低下頭，回答：「我們只要這些飲料就好了，可以給我帳單嗎？」被拒絕的痛苦刺痛了凱莉的眼睛，她開始無法控制的流淚。待服務生離開，馬克繼續說：「妳這個人似乎真的很好，但我覺得我們之間沒辦法。對不起。」

「是因為我的外表嗎？」凱莉問。

「其實，不是因為這樣。我知道妳胖了幾公斤，說真的這沒什麼大不了的。

只是妳看起來真的很不開心，**我不想和一個不斷數落自己的人約會。**」

好痛。

對於馬克的話，凱莉知道自己無從辯駁。她也知道這不只是因為體重，就算她減掉那七公斤，她也會發現自己還有其他根本上的錯誤，就是這些錯誤，讓戀愛關係無法萌芽。她只會越發陷在自我厭惡裡頭，程度更甚於沉迷Netflix。這種情況已經發生過十幾次了，但在馬克出現之前，都沒有人願意指出這一點。

結果，這一點被一個隨機的網路約會對象指出來，正是凱莉所需要的，好讓她開始改變。她把這個不堪的故事告訴她最好的朋友，而對方正好有在IG上關注我，這位好心的朋友便請凱莉來找我。雖然我們還有一段路要努力，但只要她願意做這件事，我知道她可以把厭惡轉為喜愛。

我們怎麼看自己，就怎麼顯現在他人面前

前面三個故事乍看截然不同：一個假裝混蛋的執行長、一個害怕失去一生摯愛的男友、一個破壞約會的單身女人，這三者會有什麼共同之處呢？

其實都一樣。

克里斯、尼克和凱莉，都因為**缺乏自信而受苦**。

很多人都在處理自己生命中缺乏自信的空洞，這些洞由情境、事件或環境所創造的空虛所構成。通常要等到它的主人**產生了足夠的自我意識**，**認知到自己的行為或反應是由潛意識的衝動引起的**，**才會發現這些空洞的存在**。因為我們不相信自己的能力，所以假裝自己是另外一種人；因為愛我們的人已經離開了，所以我們不相信有人會愛我們、和我們在一起；因為我們過去曾被拒絕，所以我們覺得自己沒有價值。

自信，賦予自我價值感

自十八世紀以來，心理學研究和哲學討論就已經圍繞著自信（confidence）和自尊（self-esteem）的概念。[24] 自信的定義是，一個人相信自己是「有能力、重要、成功和有價值的」。[25] 這個詞經常和自尊交替使用，而自尊指的是一個人的自我價值感。[26]

「價值」，這個詞非常重要。

我是有價值的。我的存在就是有價值的。儘管我經歷過各式各樣的事情、原生家庭有所缺失，儘管我有某些怪癖，還有某些明顯的缺陷，但我是有價值的。這才是真正的自尊，才是真正的自信。然而，在我輔導人們的這些年裡，我發現這可說是世上最難以捉摸的感覺。

克里斯、尼克和凱莉都經歷過一些事情，導致他們覺得自己沒有價值。缺乏信心又沒有處理問題所造成的這些結果，都是可以理解也很常見的。我自己也有過這種感覺，經歷了從自卑到終於重獲自信的旅程。

人生而在世，不可能都沒有受過傷。缺乏自信會在你生活的各個方面築起障礙，讓你難以得到幸福。好消息是，不管你為何缺乏自信，只要下定決心努力，就

---

24 William James, *Psychology: The Briefer Course* (Mineola, NY: Dover, 2017).

25 Norman Goodman and Stanley Coopersmith, "The Antecedents of Self-Esteem.," *American Sociological Review* 34, no. 1 (1969): 116, https://doi.org/10.2307/2092806.

26 John P. Robinson, Phillip R. Shaver, and Lawrence S. Wrightsman, *Measures of Personality and Social Psychological Attitudes: Measures of Social Psychological* Attitudes (St. Louis: Elsevier Science, 2014).

能建立起信心。

建立自信三大要素：發掘、假裝、聚焦

現在，你意識到你的內心有一個空洞，得用信心來填補；你甚至可能知道造成的原因為何，而你願意努力補起這個空洞。那接下來該做什麼呢？讓我來介紹我的建立自信三大要素：DFF。將這三種技巧串聯起來使用，可以幫助你填滿那個空洞。

1. Dig，發掘：發掘根源。
2. Fake，假裝：一直假裝到成功為止。
3. Focus，聚焦：聚焦在你的優點上。

讓我們來拆解DFF吧。

第一步，挖出問題根源來解決

「你無法治癒未經揭露的東西。」——Jay-Z，美國饒舌歌手

許多作家選擇引用笛卡兒（René Descartes）或蘇格拉底（Socrates）的名言。而我呢？我發現 Jay-Z 這位饒舌歌手說得很好——**如果我們不發掘並理解其根源，我們永遠無法克服挑戰，也就永遠不會痊癒。**

想像一下你連續頭痛六十天，整個人虛弱不堪。不是喝了太多酒精飲料後醒來的頭痛，也不是在過敏季節時跟鼻水淚水共處的頭痛，而是一種無情、猛烈、讓人精神耗弱的頭部重擊。

第一週，你每天吃一些安疼諾（Advil，按：一種布洛芬〔ibuprofen〕止痛藥），認為頭痛會消停。第二週，你換吃泰諾（Tylenol）這牌來止痛，因為安疼諾明顯對你無效。第三週，你判斷自己真的得多睡覺或減少攝取咖啡因。到了第四週，你最好去看醫生了，因為顯然有一些更深層、必須發掘出來的東西需要解決。

有很多宣稱能幫你建立信心的方法，其實就像拿布洛芬治療腦瘤一樣。也許

能讓你平靜一點點、舒緩個一小時左右，但絲毫沒有療效。為了建立真正的信心，我們必須解決根本問題。

讓我們深入挖掘。以下是一些有助於你探究的問題：

想想你的原生家庭（照顧你的人，和一同成長的兄弟姐妹）。那個環境是否支持你？是否滿懷著愛？還是充斥著批評？是不是很負面？

在你的生命中，有沒有一段時期是你認為自己很有自信的？那是什麼時候？這個情況又是什麼時候改變的？為什麼？

你在學校的狀況怎麼樣？你有朋友嗎？有被欺負嗎？還是被人接納？又或是被人無視？

你經歷過創傷嗎？虐待的形式並非僅只一種。

警告！獨自做這件事可能不太明智，因為**這個過程可能會很混亂、不舒服、情緒化，你可能會挖出一些需要心理健康專家協助解釋的東西**。相信自己的直覺吧，**如果你覺得某個人可以在這個過程協助你，那就接受他的支持**。

我們的百萬富翁執行長克里斯，很快就指出了這一切的源頭。他很幸運，有很愛他、支持他的父母，但中學時期的經歷，在他的自尊心上留下深深的傷口。他高人一等的智力和天生的野心，激發了青少年常常忽視的自卑情結。克里斯生來就不是特別合群、風趣、吸引人，所以當他成為眾矢之的，他選擇退縮而不是防禦。

他因為做真實的自己（聰明且積極向上）而被排斥，這讓他的自信受到打擊。怎麼可能不受打擊呢？**當一種不可改變的特質（比如外表或智力）遭受他人厭棄，必會讓人傷得很深**。

尼克的過往也是如此。身為家長，我經常開玩笑說，如果我這個母親沒讓我的孩子去心理治療，那我就是沒做好我的工作。我其實是想支持這個行業啦。撇開剛才的黑色幽默，事實上，原生家庭發生的事情，往往就是許多成年人功能障礙的根源。[27] [28]

---

27 Crista A. Brett, Alan S. Brett, and Sarah S. Shaw, “Impact of Traumatic Incidents on Family-of-Origin Functioning: An Empirical Study,” *Journal of Contemporary Psychotherapy* 23, no. 4 (1993): 255-66, https://doi.org/10.1007/bf00946086.

28 Paul R. Amato, Laura Spencer Loomis, and Alan Booth, “Parental Divorce, Marital Conflict, and Offspring Well-Being during Early Adulthood,” *Social Forces* 73, no. 3 (1995): 895, https://doi.org/10.2307/2580551.

尼克十歲那年，父親拋下了他。那時的他年紀已經夠大了，所以記得媽媽整天在床上哭，也記得他得自己準備「午餐」——一些不新鮮的椒鹽捲餅和一個已經長了不明斑點的橘子，因為他久久才去一次雜貨店。他還記得有一次，連他自己都受不了衣服的味道，於是想用洗衣機解決，結果水都溢了出來。即使尼克當時並不知道，但**在他的潛意識中，已經把「關係結束」和「差點活不下去」聯繫在一起**。有過這種經歷的人，怎麼可能不害怕失去所愛之人呢？

凱莉的故事也是始於她的家庭，即使在我看來，我們應該放過她的父母，畢竟有著完美身型並非他們的錯，凱莉遺傳到「我愛蛋糕」的基因也不該怪他們。我也有這樣的基因（還愛披薩、啤酒、冰淇淋）。

不管她的外貌如何，她的父母都愛她、支持她，但如果母親真的是前伸展臺模特兒，父親也可以去當雷神索爾的替身，那麼幾乎免不了被拿來比較，並因此感到羞恥。到了青春期時，凱莉發現雖然她是爸媽親生的，他們的新陳代謝卻不一樣。於是她開始相信，**她不是相較之下不夠好，而是「就是不夠好」**。

好的，我看出來了。接下來要怎麼辦？

也許上述這些自尊心低落的原因，有其中一個和你一樣。也許你發現了你自己的原因。那現在我們該怎麼做呢？**承認、接受和肯定**。

承認這件事發生了，並影響到你。

「我經歷過創傷。」像這樣接受無法改變過去的事實。

「我接受這件事已經發生了，一直想著『要是當初……現在會怎樣』是沒有幫助的。」如此肯定你可以改變你的現在。

「即使我經歷過這件事，我還是可以選擇從現在開始，做出不同的反應。」

正如我前面提到的，有一些經歷可能需要專業的心理健康人士協助，來說明給你聽。我完全接受並支持借助著治療，來克服過去的創傷事件，別讓它繼續影響我們的現在和未來。

在某些情況下，承認、接受和肯定，可能只是重新確定你需要發掘並繼續前進的方向。

第二步，假裝到成功為止（不是作假！）

「一直假裝到成功為止」確實有效。當然了，這就是克里斯會陷入困境的原因！他選擇仿效那些他所認為的成功人士。不幸的是，他的樣本庫裡都是些混蛋。然後我彷彿能聽到你在問：「等等，瑞秋，妳剛才不是說我們不能在『由謊言構成的基礎』上，成為更好的領導人／朋友／合作夥伴嗎？」沒有錯。讀到這裡的你，應該已經看出我是「真誠和誠實」的超級粉絲。

克里斯假裝成另外一種人，而不是真正的自己。不過在我的練習中，我是鼓勵你**假裝你已經是真正的自己了，直到你確實成了那樣的人**，也就是那個有價值、也不太好惹的你。

你可以刻意擺出一種姿勢，來誘發更多權威感[29]，或是在談話中選擇有力量的詞彙[30]，又或是把你想成為的人以及你想被別人理解的部分表現出來[31]，這些都是有科學證據支持的——表現出這種模樣，就能成為這樣的人。

有鑑於克里斯已經證明了這個方法，那麼最完美的建議，就是改變他偽裝的路線。「還記得你跟我說過，你故意去模仿身邊那些看起來最成功的人嗎？告訴我你怎麼做的。」

克里斯毫不遲疑的回答：「我研究他們，觀察他們互動的方式，看他們走路的樣子、說話的方式。其實我有一本筆記本，用來寫下他們經常重複說的話。」他接著解釋，雖然他知道這些人是混蛋，但他看到了他們的行為有明顯好處——獲得成功和尊重。至少表面看來如此。

「太完美了！」我叫了出來，興奮到可能有點不專業了。我讓自己鎮定下來後繼續說：「你的學習和觀察能力會非常有幫助。」

我請克里斯從他的周遭找出三個人，這些人可能在個人生活或者職業方面，讓他覺得是真正有自信，而且自我價值感也很高。「還記得你是怎麼研究別人的嗎？現在你要研究新的對象了。」

兩週後，我們回顧他的發現。克里斯用「冷靜、穩定、聰明、謙虛、客觀」這樣的形容詞，來描述那幾位不知情的科學實驗參與者。「遇到事情時，他們不太

---

29 Dana R. Carney, Amy J.C. Cuddy, and Andy J. Yap, "Power Posing," *Psychological Science* 21, no. 10 (2010): 1363-68, https://doi.org/10.1177/0956797610383437.

30 Lawrence A. Hosman and Susan A. Siltanen, "Powerful and Powerless Language Forms," *Journal of Language and Social Psychology* 25, no. 1 (2006): 33-46, https://doi.org/10.1177/0261927x05284477.

31 Paula Niedenthal et al., "Embodiment in Attitudes, Social Perception, and Emotion," *Personality and Social Psychology Review* 9, no. 3 (2016): 184–211.

會覺得別人在針對他們。他們清楚自己是誰，清楚自己有什麼能力。」我請克里斯在他的手機裡建立一個備忘清單，藉此提醒自己，他現在用到了哪些形容詞。然後他必須經常查看這個清單，並牢記自己的唯一目標，就是體現出這些特質。

這方法奏效了，克里斯開始比較有自信。他與團隊的互動，從咄咄逼人漸漸轉變為實際參與。他以自己睿智的觀點來引導大家，並創造出對話的空間。一個月後，他傳訊息告訴我：「這比我想像的容易，但最大的發現是，這麼做感覺很好。感覺就像我只要做我自己，跟以前不一樣，我以前都是在努力假裝成另一個人。」

一直假裝到，你意識到「你就是這樣的人」為止。

你可以利用我給克里斯的方法，來建立你自己的信心。

觀察你的周圍，哪些人有著堅不可摧的自信？你注意到他們有哪些行為？他們在對話時是怎麼互動的？你會怎麼形容他們？用這些觀察來創造你自己的小抄，經常拿出來提醒自己吧。

你要怎麼做，才會更加______、______和______？

你越是肯定自己的價值，越是表現得好像很有自信，你周圍的世界就越會強化你內心的這種感覺。

一天不用十分鐘，透過冥想提高效率

這個「一直假裝到成功為止」的方法，也可以透過思想和腦中的畫面來提高效率。我強烈支持冥想，但我不是坐在墊子上把頭腦淨空的那種冥想者。要把頭腦淨空？我這個人可是會帶著問題醒過來，帶著計畫去睡覺，把頭腦淨空總像個不可能達成的目標，這就是為什麼我非常推崇催眠。

催眠其實就是有目標的冥想。你會進入一種舒服的冥想狀態，手腳感覺重如鉛塊，但你專注於腦中的畫面，重新編寫潛意識，而不是淨空大腦。催眠的技巧有很多種，有些是由像我這樣的催眠治療師引導，也有些是你就算沒什麼經驗，仍可以單獨使用的。

以尼克為例，我教了他一個快速的技巧，讓他在對感情關係感到焦慮時，可以幫助自己平靜下來。

我問：「你和漢娜共度的最美好時光是什麼？」他回答：「我們公路旅行到別的州時。我們排了兩週的假，只確定最後要抵達加州，此外沒有其他計畫。」他幾乎是滔滔不絕的說著這一切是多麼冒險刺激，包括每天晚上選擇下一個目的地、在開車途中舉行卡拉OK比賽。他們從未有過如此親密的感覺。我問他：「你在那次旅行中感覺如何？」他說：「快樂、滿足。我覺得我們可以掌握任何事情，而且我知道她只想和我在一起。」

我告訴他，那段記憶確實非常完美，而我們需要重新創造那種感覺。克里斯還以為我是要他再來一次公路旅行。「呃，我現在排不出兩週的假了。」

「不需要，」我回答：「你可以用想的去那裡。其他地方也一樣。」當我說出更多「神奇」的細節時，他就像大多數人一樣，怔怔的盯著我看。

「我希望你這麼做：每天早上下床前，眼睛繼續閉著，就這樣呼吸一會兒。完整呼吸個十次，要把氣吸進肚子裡，然後憋著數到五，再把氣都呼出去。

「呼吸完十組之後，我要你想像自己回到那輛車裡，看到你的手放在方向盤上，感受空氣吹動你的頭髮，還有感受你臉上的微笑。就這樣運用想像出來的每一種感覺，把自己帶回到那趟旅行中。轉頭看看漢娜，看著她也在對你微笑。花幾分鐘時間，讓自己感受當時的美好。

「然後想像自己這一天稍晚要做的一些平凡事情，像是吃晚餐、遛狗、打掃廚房、一件你們會一起做的事，不過現在，**要把旅行中的情緒帶入到這件事上**，也就是那種美好的感覺，你所感受到的、相同程度的連結。**每天早上花五到十分鐘做這個練習**，再開始你的一天。」

「就這樣？」

尼克對此抱持懷疑的態度，因為我並沒有要求他確實去做任何改變。還好他什麼事情都願意試試看。三個星期後，我的手機發出提示音：「真不敢相信我在打這些話，但這鬼方法真的有用。」

他大部分早上都有做這項練習，平均只花七分鐘。即使他並沒有全心全意的執行，但這些想像已經使他對這段關係的信心提高了十倍。

「這個練習讓我感覺平靜很多。只要想起我們曾經多麼快樂和親密，我就會意識到，只要我放輕鬆，我們仍然可以非常快樂和親密。」

所以說，試試看吧。什麼都可以想像。從過去那些感覺非常美妙的回憶開始，然後把那些情緒轉移到你現在或將來要做的事情上。**想像自己在這些情境中更有自信後，當你在現實生活中實際經歷這件事時，本來想像而來的信心，就會轉化為真正的自信**。

也許已經有好長一段時間，都沒有人遞給你一支畫筆和空白畫布，描繪出你的生活，所以現在就問問你自己：「如果我真的很有自信，我的生活會是什麼樣子？」這可以幫助你的創造性想法流動起來。**在腦海中想一下這些情境，感受其中的情緒，看看人們對如此自信的你有什麼反應。**每天早上只要花幾分鐘想像這些情境，我保證你不僅當下感受美妙，而且所想像的會開始在你的現實生活中上演。

本頁QR Code連結（https://www.racheldealto.com/self-hypnosis，按：填入信箱提交後，網頁會自動跳出錄音檔，可線上收聽也可下載）包含一個自我催眠的錄音檔案，帶著你走過這個過程。它會幫助你進入一種冥想的狀態（即使你以前從未冥想過），然後引導你回想一段美好的記憶，並將這些正面情緒轉移到現在或未來的情境中。

你可以根據你想要看到結果的速度，盡量頻繁的使用這個錄音檔案。我是鼓勵大家每天都做，至少持續一週。畢竟才十分鐘而已，你還能聽到我的「催眠之聲」，這完全值得你投入時間。

第三步，缺點太好找，更要聚焦在優點上

我第一次跟凱莉見面時，她就毫不遲疑的告訴我她做錯的各種事情，還有她自我厭惡的種種一切：「我的身體討厭我。我被自己討厭的工作困住了。我不擅長處理人際關係。」天哪，像這樣的內在對白，用再好的粉底和腮紅也掩飾不了。

我接著請她告訴我，她喜歡自己的哪一點，以及她有哪些事情做得很好。一陣沉默之中，她的臉色一沉，肩膀也垮了下去，說：「沒有。」

「沒有？不可能。妳一定有喜歡自己的『某個地方』，每個人都有。例如妳的幽默感？時尚感？妳非常善良和體貼啊。像我就想把妳那頭漂亮的頭髮剃掉，像假髮一樣戴在我自己頭上。」最後一項是多說的。

她笑了起來：「我想妳說的對，我也不是全部都很糟。」

說來可能會令人驚訝，但這種對話相當典型。**我們人類非常善於看見自己的缺點**，隨便找一個人，即使是那些能夠自我肯定的人，問問他們想要改變自己哪些部分，你得到的答案清單，會比一個尋找靈魂伴侶的女人所列的條件清單還長。我認為現在的我擁有的自信程度相當健康，但我仍然可以瞬間說出十件我希望自己改

變的事情，無論在身體、情緒，還是智力方面。**相較之下，人們總是很難發現並接受自己的優點**。

認同自己的優點，不就是自信了嗎？我們不可能在各個方面都很出色，但我們在「某些方面」很出色。為了建立自信，你必須看到你的亮點，並經常運用。

「我希望妳去報名參加單口喜劇的課程，並找到一個妳有熱情的地方去做志工。我知道妳的自由時間有限，但如果妳每星期能抽出一個晚上來做這兩件事，我會很開心的。」顯然，讓我開心是非常重要的事。

凱莉想跟我討價還價，但沒成功。她最終默默接受下來，找了一個單口喜劇的初級課程，並到當地一個名為「為成功著裝」（Dress for Success，按：為低收入女性提供職業裝束，以幫助她們求職和面試）的非營利組織服務。她在第一堂課休息時傳簡訊給我：「我會永遠恨妳叫我來上這個課。」

沒錯，這就是你最希望從客戶那裡收到的訊息。

第二天，凱莉告訴我：「第一個小時超痛苦，我只想爬到破舊戲院的座位底下死去。但後來我們玩了一個即興遊戲，我表現得很好，還笑到眼淚停不下來。每個人都來和我擊掌。雖然我很不想承認，但晚上結束時，我真的愛上它了。」

凱莉繼續上了接下來兩階的單口喜劇課程。雖然她還是沒有欲望成為一名職業喜劇演員，但她發現自己沉迷於擅長做某件事的樂趣中，而且她很開心！

你擅長什麼？可以關注和加強什麼能力？試試這個簡單的方法來增強自信：

1. 列出你擅長的三件事。
2. 你能做些什麼來加強這些特質呢？

強調好的一面，建立信心

每個人都有優點。我們可以將餘生用於聚焦在自己可以做得更好的事情上，或是允許自己讚美和強調我們做得很好的事情。

我看過很多時尚化妝節目，然而化妝不能像我最愛的居家樂活頻道HGTV上的節目那樣，把一個人的一部分打掉重來，你必須把好的一面強調出來，像是勻稱的身材、漂亮的頭髮、大大的眼睛等。把DFF（發掘、假裝、聚焦）中這個部分想成化妝節目吧，你會發現自己身上有很多部位是可以突顯強調的。

做做看！

行動

你如何描述自己？你愛的人會怎麼形容你？

你認為是什麼在阻礙你成為最有自信的自己？

你要如何運用 DFF（發掘、假裝、聚焦）中後兩者來創造不同的模樣，表現出最有自信的自己，並聚焦於自己最好的特質呢？

心態

我是有價值的。

第五章　你最常相處的五個人平均值，就是你自己

蜜雪兒（Michelle）下班回到家時，心情非常差，嚴重度相當於五級颶風。她的伴侶湯姆（Tom）幾個小時前講完那通可怕的電話後，一直暗自希望她的火氣能在這幾小時內降為熱帶氣旋，但運氣不佳。蜜雪兒仍舊破壞力十足。

「什麼！你說我們沒領養到那隻狗是什麼意思？你知道那隻小狗對我來說有多重要嗎！」

「噢，寶貝，妳都還不認識那隻狗，牠怎麼可能意義這麼重大？我們會找到另一隻的。」

你不需要跟蜜雪兒很熟，也聽得出這完全是個錯誤的回答。

「你開什麼玩笑?!你有看到那隻小狗的眼睛嗎？牠那麼完美。現在一切都毀了，我們再也找不到屬於我們的狗了……我早該料到會這樣，反正我不管做什麼都不會成功。」

蜜雪兒開始摔櫥櫃的門，憤怒的準備她的夜間雞尾酒，留下湯姆彆扭的盯著他的手，等待怒火止息。他不想再發出任何聲音，或找任何理由，又或是告知她，美國有近九千萬隻狗，他們找到寵物的機率很大。

湯姆很清楚，他今晚得睡在沙發上了。被選中的是另一位申請人而不是他們，這顯然是他的錯，至少在蜜雪兒看來是這樣。湯姆知道蜜雪兒會耿耿於懷好一段時間，只因為一隻她從未見過的小狗，以及一個他們無法控制的過程。

湯姆不自覺的回憶起他當初找到這間房子的情景，房屋格局非常開闊，有美麗的木製家具，望出去還有綠意盎然的景觀。這是他們一直很想要，但在紐約的公寓裡不可能擁有的東西。湯姆非常興奮，迫不及待要讓蜜雪兒看看這個地方，他幾乎控制不住自己，直到他們終於約到房屋仲介一起參觀。他知道這間房子很完美。

「妳一定要看看廚房，妳清單上的一切它都有！」

即使有一個內嵌的大烤箱和巨大的中島，但當車子駛進鋪得非常平整的車道時，她的臉色就沉了下去，而且一直沒有好轉。蜜雪兒挑剔每個房間裡的每一樣東西，每一次批評都使湯姆的熱情越來越消退。最後，她說：「這裡很糟，但比我們見過的其他房子都好，我想我們可以開個價。但我還是很失望你找不到我想要的東西。」成交之後，她對他態度冷淡了三週。但至少他有美麗的天花板裝飾陪著他。

任何知道這種情況的人都會覺得奇怪，湯姆到底為什麼要和這樣一個小題大作的任性女人在一起？他是這麼好的一個人，沉穩、善良、心胸又寬廣，還會在自己生日那天去幫朋友搬家，而且每週至少打兩次電話給媽媽，確保她感受到被愛。然而，蜜雪兒卻覺得一切都不對，失去的小狗和不完美的房子，只是她發火的一小部分原因。

蜜雪兒以前並不是這樣的。

兩人最初在大學相識。湯姆是喜歡派對玩樂的大學本科生，不過都還是能完成功課，而蜜雪兒是非常有雄心壯志的法學院預科學生，還加入了一個以低調和有趣聞名的姐妹會。他們在大學裡並沒有真正「約會」過，但他們經常「一起玩」。畢業後，他們住在紐約的同一個社區。湯姆開始了在金融業的初級工作，蜜雪兒開始讀法學院。他們變得形影不離，對這段關係也更加認真，六個月後就同居，再隔一年就訂婚了。

改變蜜雪兒的，並非某一件特別令人痛苦的事件，而是許許多多較小的事件累積起來，導致她變得很悲觀。

首先，在法學院的日子比她預期的難熬。在大學時期，蜜雪兒不需要太過吃力，就能保持名列前茅；但在法學院，她所有同學都是頂尖的學生，相形之下她，呃，成績很普通。蜜雪兒從來沒有拿過中段的成績，因此**她的自尊心受到了嚴重打擊，壓力也不斷飆升**。

我自己身為法學院畢業生，一直記得這句話：「怎麼稱呼法學院畢業班墊底的人呢？『律師』。」顯然蜜雪兒不吃實用主義這一套。

法學院畢業後，她花了兩年時間，為她討厭的老闆每週工作八十小時。一個人午餐要吃三小時，然後把責任都推給同事，這種情況有多常見？事實證明，很常。她在一個她不喜歡的法律領域工作，住在一個她沒有時間去探索的城市，還有一個幾乎見不到面的新婚丈夫。最嚴重的是，她的姐姐——一輩子都被媽媽拿來跟她比較的姐姐，過著有如田園詩般美好的生活，有完美的房子、理想的工作、出色的丈夫，和漂亮的新生寶寶。

壓力和FOMO（Fear of missing out，按：錯失恐懼症，因患得患失而產生持續性的焦慮，總會感覺別人在自己不在時，經歷了什麼非常有意義的事情）就這樣不斷累積，直到蜜雪兒**只能看到生活有多糟糕。沒有什麼能讓她高興，所謂的「問**

題」到處都是。

出於一種與生俱來的生存本能，湯姆開始掌握了小心應對的技巧。搬到郊區其實就是一種沒有明講的干預措施。面對太太持續不斷的消極態度，湯姆的壓力越來越大，他想，如果他找到他們理想中的房子，她也換了工作，那他就能找回「原本的蜜雪兒」。

「她只是需要喘口氣，有更多自由的時間和空間。」在經歷了一個充滿摩擦的夜晚後，湯姆向朋友們這樣解釋。當時，蜜雪兒不喜歡他選的那間餐廳，所以在甜點上桌前就匆匆離開了。「不知道耶，湯姆，也許你比她更需要空間。」他的朋友們可能是對的。

湯姆向我求助，試圖挽救他的婚姻。他們如今有了一棟漂亮的房子，蜜雪兒也換了一份新工作，工作和生活的平衡有所改善，但痛苦依然存在，彷彿她就是喜歡抱怨。她的婚姻因此受到影響，朋友也幾乎都消失了，而她仍然困在負面情緒的漩渦中。這種惡性循環正在扼殺他們的關係，如果不進行干預，注定會毀滅。

你能想像在蜜雪兒變糟之後，湯姆才遇見她，會是怎樣的情景嗎？就不會有這對伴侶，也不會有其他任何珍視他們幸福的人。

蜜雪兒的朋友們幾乎都拋棄了她，因為他們不願讓自己被她那暗淡的人生觀摧殘。不過，至少她的工作不會不保，因為……她是律師。

我從沒遇過會被消極者吸引的人，**負能量與親和力是對立的，消極的心態會汙染所有互動、連結，以及人際關係**。回想一下你最近接觸過的消極者，他們可能總是在抱怨，而且都很莫名其妙，滿面愁容明顯可見且始終存在。我敢打賭，不到六十秒，你就能想起自己有多想快點結束那次對話。

現在，回想一下你和一個積極正向的人互動時的情景。所謂正向，就是用積極的態度看待自己、生活和未來[32]，對話中可能充滿了希望、鼓勵和樂觀。

和一個積極正面的人交流，感覺就像陽光灑在臉上，且臉上有擦防晒。你會想和他們在一起，是因為你感到充實，而不是枯竭。我們會被正向的人吸引，因此，當個正向者，我們就可以吸引別人，並變得更有親和力。

正向的態度不只對建立人際關係很有益，對你自己也有好處——**正面的心態可以讓你活得更久**[33]、**預防心臟病**[34]、**事業更成功**[35]，**還能提高免疫力**[36]。從好的方面來看，這樣的投資報酬率相當不錯。

大腦像黏土，正負面都能塑形

如果積極正向真的這麼棒，為什麼不是每個人都這麼做呢？如果給人們選擇，他們都會選擇積極正向，但往往最後會陷入與蜜雪兒相似的狀況。

他們面對著一大堆事件和環境，逐漸變得越來越負面。一旦負面情緒越發強烈，你就越難擺脫它，就像流沙一樣。（噢對了，直到今天我才知道流沙不會真的

---

32 Antonio Zuffianò et al., "The Positivity Scale: Concurrent and Factorial Validity Across Late Childhood and Early Adolescence," *Frontiers in Psychology* 10 (2019), https://doi.org/10.3389/fpsyg.2019.00831.

33 Eric Kim et al., "Optimism and Cause-Specific Mortality: A Prospective Cohort Study," *American Journal of Epidemiology* 185, no. 1(2017): 21-29, doi:10.1093/aje/kww182.

34 Lisa Yanek et al., "Effect of Positive Well-Being on Incidence of Symptomatic Coronary Artery Disease," *The American Journal of Cardiology* 112, no. 8 (October 2013): 1120–25.

35 Julia Boehm and Sonja Lyubomirsky, "Does Happiness Promote Career Success?" *Journal of Career Assessment* 16, no. 1 (February 2008): 101–16, doi:10.1177/1069072707308140.

36 Marian Kohut et al., "Exercise and Psychosocial Factors Modulate Immunity to Influenza Vaccine in Elderly Individuals," *The Journals of Gerontology Series A: Biological Sciences and Medical Sciences* 57, no. 9 (2002), doi:10.1093/gerona/57.9.m557.

置人於死地[37]，超震撼的。）先不管死亡風險，負面情緒增長在許多其他方面，都有潛在或實際的危險。

蜜雪兒就是一個很好的例子。

我們的大腦有一種非常迷人的功能——神經可塑性（neuroplasticity）。好消息！你的大腦就像培樂多（Play-Doh）黏土；而壞消息是，聞起來可能不像培樂多那麼香。天哪，我小時候超愛培樂多的。

神經可塑性的定義是，大腦結構在對內在和外在影響做出反應時，趨向積極或消極方向的自然趨勢。[38]換句話說，**我們對環境的反應會塑造大腦的模式，並決定我們的感受是正面抑或負面**。你的大腦是可塑的，無論要往哪一個方向。研究也顯示，**我們反覆聚焦的東西，會產生更強的神經連結，然後這些連結會讓我們更常有這樣的想法**。[39]如果這些想法是消極負面的，就會形成一個惡性循環。

最簡單的解釋方法，就是把你的大腦和思維模式想像成好幾條公路。有些路鋪得很平整，有些則布滿泥土和礫石。對於通常都很積極的人來說，他們鋪的路代表正面的想法，由於大多數的想法和信念都很正向，所以這些道路就被鋪得很平整，而且每多走一次，道路就越發平坦。

然而，在蜜雪兒以及其他想法負面者的大腦中，走得最多、最平滑的道路，反倒是那些消極的假設和信念。因為大腦總喜歡在平整順暢的道路上行駛，所以你想法越正面，就越容易保持正向，但遺憾的是，這在負面想法也適用。

要是我們不斷負面思考，使得神經道路已經成了平坦的柏油路，是否就會永遠屈從於消極的人生？不會的。讓我們回到那些未走過的泥土道路上，這些象徵著在消極者頭腦中的正面思考。大腦能探索它們嗎？當然可以，但你必須使點勁。

還記得蜜雪兒並不是一直都這麼負面嗎？她曾是個比較正向的人，但她選擇**專注於負面的地方，開了一遍又一遍，直到正向的道路變得破敗崎嶇**，就像一條被人忽視的紐澤西公路，**負面的道路則變得像奶油一樣滑順**。蜜雪兒證明了我們的培

---

37 "How Deadly Is Quicksand?" *Encyclopedia Britannica,* https://www.britannica.com/story/how-deadly-is-quicksand.

38 Joyce Shaffer, "Neuroplasticity and Positive Psychology in Clinical Practice: A Review for Combined Benefits," *Psychology* 3, no. 12 (2012): 1110-15, doi:10.4236/psych.2012.312a164.

39 Jean Knox, "The Mindful Brain: Reflection and Attunement in the Cultivation of Wellbeing by Siegel, Daniel J," *Journal of Analytical Psychology* 54, no. 2 (2009): 284–85.

樂多大腦是可以改變的，雖然未必是往好的方向。

為了把大腦重新連接到正確的方向，蜜雪兒和其他帶著負能量的人，必須把手重新放在方向盤上，擺脫掉自己消極的自動駕駛設置。還想聽更多好消息嗎？有一些已經證實的治療方法，可以幫助你改變想法，控制自己要鋪平哪些道路。[40]如果你相信自己有能力控制自己的思想和情緒，創造一個能夠支持你培養正向思考的環境，那麼你就能走出負面的颶風。[41][42]

想要成為正向有親和力的人，以下是我的三個步驟：

1. 設定正向的基準。
2. 評估環境。
3. 意識到負面想法並轉向。

第一步，用正向程度量表設定基準

大家都喜歡看落差很大的前後對照圖！這當然不是什麼減肥達人的比賽，但你要是不知道你從哪裡開始的，怎麼曉得自己走了多遠呢？很多人從未意識到自己的思維是正面還是負面的。如果沒有足夠的自我覺察和一個心理學學位，我們都會認為自己的大腦很「正常」。

讓我們看看正向程度量表，這是由學者們設計出的評估方法，可以幫助你快速找到進步的空間。[43]閱讀下頁的幾點描述，並寫下你的答案，分數範圍從1（非常不同意）到5（非常同意）。

---

40 Daniel Nettle, Happiness : *the Science Behind Your Smile* (Oxford: Oxford University Press, 2005).

41 Gian Vittorio Caprara et al., "Positive Orientation: Explorations on What Is Common to Life Satisfaction, Self-Esteem, and Optimism," *Epidemiologia e Psichiatria Sociale* 19, no. 1 (2010): 63-71, https://doi.org/10.1017/s1121189x00001615.

42 Bernadette P. Luengo Kanacri et al., "Longitudinal Relations Among Positivity, Perceived Positive School Climate, and Prosocial Behavior in Colombian Adolescents," *Child Development* 88, no. 4 (2017): 1100-14, https://doi.org/10.1111/cdev.12863.

43 Antonio Zuffianò et al., "The Positivity Scale: Concurrent and Factorial Validity Across Late Childhood and Early Adolescence," *Frontiers in Psychology* 10 (2019), https://doi.org/10.3389/fpsyg.2019.00831.

- 我對未來很有信心：＿＿＿
- 我對我的生活很滿意：＿＿＿
- 當我有需要的時候，其他人通常都會在我身邊：＿＿＿
- 我懷著希望和熱情在期待未來：＿＿＿
- 總的來說，我對自己很滿意：＿＿＿
- 我覺得我有很多地方值得驕傲：＿＿＿
- 我通常對自己很有信心：＿＿＿

每個回答越接近5分，你在這個區域就越正向。如果全部都是5分呢？你差不多可以跳過第二步和第三步了，你就是彩虹和獨角獸的化身，請把你的閃亮金粉撒在他人身上！然而，如果你像我們這些凡人一樣，在某些部分還有進步的空間，你可以根據你的分數看看哪裡應該努力，我們將在第三步中討論「怎麼做」。

在運用接下來兩個步驟的六週後，希望你能重填一次這個量表，再次評估自己，看看需要改進的地方。

第二步，評估環境，愛我的人也可能害到我

當你的環境支持良好的感覺時，絕對更容易變得積極正向！

我與蜜雪兒和湯姆初次會面時，我們談論了他們的過去，以及導致他們現在處境的一連串事件和情況。「蜜雪兒，聽起來妳過去大多時候都很快樂，直到妳開始受到壓力的衝擊。光是那份工作聽起來就像地獄，能夠理解妳為何受到影響。」我刻意這樣跟她確認，如此一來我們就可以跳過防禦階段。但我也沒有說錯，蜜雪兒當時所處的環境，對她目前的負面狀態造成莫大影響。

她回道：「我想妳說的沒錯，在我大學畢業之前，一切都很輕鬆；可是在那之後，一切都在走下坡。」

「如果重新選擇，妳會怎麼改變？」我問。她回答說，當律師是她小時候的夢想，所以她一樣會選擇法學院、沒有商量餘地，但如果再給她一次機會，她會選擇另一份工作。

蜜雪兒在參加面試的那一刻就知道，為那個老闆工作將是一場惡夢。她在法學院時無來由的產生一種感覺，那就是她不夠格當律師，這使她接受了拿到的第一

份工作。還記得那個你從一開始就知道應該逃跑，但還是與他約會過一段時間的人嗎？那個明明有一堆不對勁之處，你還是選擇無視的人？對，就是那種感覺。

「好，所以工作是讓妳痛苦的主要原因，但妳對姐姐的感覺呢？因為沒時間和湯姆相處，帶給妳多少壓力？或只是單純的時間壓力？」我問。蜜雪兒一臉沮喪，「我不知道，我不知道我能怎麼改變這一切。」她面臨的其中一些挑戰，絕對是環境的負面影響，至於另一些挑戰，則是由她對那些處境的看法造成的。現在，我們就要來看看對她造成影響的東西，並加以分類。

我們可以把會造成影響的事物分為兩類：必須擺脫、必須改變。

●必須擺脫。

在某些情況下，我們可以改變所處的環境，因為我們有得選擇，意思是說，我們可以選擇要花時間與誰相處、在哪裡工作、在哪裡度過我們的時間。

蜜雪兒的職場給她帶來巨大的負面影響。每週花上八十個小時待在沒有窗戶的小辦公室裡工作，桌子很小，周圍是一堆標示著「緊急」的檔案，任何人都可能因此崩潰。蜜雪兒有一點很幸運，是許多人沒有的，就是在她找到一份新工作之前，她先生的工作可以暫時養活他們兩人。所以，她沒必要困在那樣惡劣的環境裡。

對蜜雪兒而言的雙重打擊在於，工作本身就很糟了，連老闆也非常差勁。有時我們面對的單純是「人」的問題。你可能有過這樣的經驗：工作本身非常棒，但是管理方面有很多不盡如人意的地方；或是主管很好，但你的同事很糟糕。你花時間相處的人（不管你是否願意），對你的正向思考會有很大的影響。如果你正努力調整負面心態，可能就得透過「你對我的影響是正面抑或負面」的角度，來審視你的同事、朋友和家人。

你或許聽過這句話：「你最常相處的五個人平均值，就是你自己。」這句話最初是一個勵志演講者提出的，但也得到了神經科學家的支持，他們發現**兩個人待在一起，會產生幾乎相同的腦波**。[44] 你看，你的大腦就是培樂多！不過說真的，你

44 Chris Weller, "A Neuroscientist Who Studies Decision-Making Reveals the Most Important Choice You Can Make," *Business Insider,* July 28, 2017, https://www.businessinsider.com/neuroscientist-most-important-choice-in-life-2017-7.

身邊有多少人，是你真正想和他們有相同腦波的呢？

在周遭影響你的人當中，是否有人對你產生了負面影響？看看你的名單，你可能需要重新評估你先想到的這群人，確認一下哪裡要調整。有時候，你可以避開他們。

我生活中就有些人是我敬而遠之的，但不一定是因為他們人不好，而是因為在我們相處時，我能感覺到我的快樂程度正在下降；若跟他們交談，我會在講完電話後筋疲力盡；跟他們喝一杯咖啡，就損耗了我四十五分鐘的生命；神禁止我們一起吃晚餐，因為我晚上八點就準備要睡覺了……欸等等，我每天晚上都是這樣。我離題了——反正，有些人根本不值得占據你的生活，而且他們會損害你所呈現出來的模樣。**無論是你應該辭掉的工作、你需要像迴避 COVID-19 那樣避開的人，還是你需要改變的實體環境，這些都屬於「必須擺脫」的範疇。**

如果你能放手的話。

你可能會說：「但是瑞秋，我不能辭職／避開我媽／撕毀租約呀？」

沒錯，有時現實也會阻礙我離開這些人事物，這就是為什麼我們也有「必須改變」這個類別。

●必須改變。

如果你明知必須擺脫，實際上卻不能擺脫的時候，該怎麼辦呢？或者是你不想擺脫的時候，又該怎麼辦？如果我們不能消除影響我們的事物，就必須改變情況，或者改變我們的應對方式。

上法學院這件事對蜜雪兒來說，沒有商量的餘地。儘管她所謂的「表現平庸」讓她倍感壓力，但她絕對不會退學，我也絕對不會建議她退學。她努力了這麼久，縱使無法改變周圍的學生都比她聰明這個事實，但她可以改變自己對這情境的看法。

蜜雪兒有機會向非常聰明的人學習，並因此心懷感激。她本可以跟他們往來，找到一些很棒的學習夥伴，而不是處處比較而感覺自卑；又或者，她可以把身處在一群智力超群者之間，看作一種榮譽。這需要與她的自我妥協，但謙卑就會帶來機會，而觀點左右一切。

我接著說：「跟我聊聊妳媽吧。」

她語帶疑惑：「要聊什麼？」

「從剛才的對話中，聽起來妳的問題不是出在妳姐身上，而是妳媽總是拿妳們做比較。」記憶的閘門打開了，有很多事情都支持這個觀點，也就是她母親在所有領域中，都不公平的讓兩姐妹互相競爭，包括學業、受歡迎程度和成就。

「但她是我媽啊。」

我們許多人都跟蜜雪兒一樣，不得不接受這樣一個現實——**有時我們必須以更實際的眼光來看待最親密的關係，這些關係並不總是美好**。

我們愛的人會對我們產生負面影響。

愛我們的人會對我們產生負面影響。

根據情況不同，有時我們必須做出艱難的決定。我接觸各式各樣的人十多年了，也聽過很多故事，所以現在我都會帶著警惕來思考（和書寫）。有時你所愛的人是有害的，而要消除他們對你的影響，唯一方法就是把他們從你的生活中剔除。只有你自己才能評估這段關係的有害程度，面對這種情況時，尋求心理健康專業人士的幫助會非常有用。我們將在第十一章進一步討論這個問題。

不過，還有一些情況是我們可以改變的。在很多例子中（像蜜雪兒這樣），我們可以解決這些負面因素，並努力找到一種方法，讓它們仍是我們生活的一部分，但不會產生負面影響。

為了讓蜜雪兒擺脫媽媽那些批評的負面影響，我鼓勵她從表達自己開始，並與媽媽劃出一道界線。「讓她知道這些比較對妳有何影響，又對妳和姐姐的關係產生了什麼影響。讓她明白，如果她繼續貶低妳，拿妳們兩個做比較，那麼談話就結束了。」蜜雪兒並不想反抗她媽媽，但她很快就這樣做了，而且媽媽的反應讓她大感震驚。

「她哭了起來。她根本不知道自己這麼挑剔，也沒有意識到這讓我很困擾。顯然，她媽媽也對她做了同樣的事，總是拿她和哥哥比較。」在那之後，她媽媽就變得完美了嗎？沒有，但當她重蹈覆轍時，蜜雪兒已經能夠溫柔的指出來。理解媽媽這種行為的起因，也有助於緩和蜜雪兒的情緒反應，因為她現在知道媽媽只是陷入了一個循環，並不是故意傷害她。

並非每一種情況，都像蜜雪兒和媽媽的關係那樣容易補救。在某些例子中，對話也許很難進行下去或毫無成效。**你可能需要限制和這些人在一起的時間，或者設定嚴格的界線**。每一段關係所要面對的都不一樣，但要知道每一段造成負面影響的關係，都會對你的正面積極產生極大影響，所以說，為了自己的幸福，試著改變是很值得的。

除了面對富有挑戰性的關係外，我們也可能被困在實體的環境中，就像之前我被困在一間地獄般的公寓裡一樣。當時我是個年輕媽媽，帶著三個月大的寶寶，住在兩個喜歡在凌晨三點鍛鍊技巧的相撲選手樓下（至少給我的感覺如此）。我是一個把睡眠看得比什麼都重要的人，所以非常痛苦。我的鄰居們都很冷漠，房東也不願意讓我提早搬家。我確信這種壓力會讓我崩潰，因為我發現自己會對所愛的人發火，對兒子沒那麼多耐心，工作效率也不高。這對我的正面積極，百分之百造成了負面影響。

我有兩個選擇。第一，我可以總想著情況有多糟糕，晚上抱著枕頭啜泣。第二，我可以想辦法撐過剩下的四個月，讓自己盡量不要抱著枕頭大哭。我沒有去尋找跟折磨我的人長得一樣的巫毒娃娃，而是提醒自己，我的鄰居有權利在凌晨三點醒來，就像我有權利睡覺一樣。我趁著白天多小睡一下；我買了耳塞，並播放白噪音；我經常去父母家住……總之我盡我所能的改變，來減少這件事對我的影響。這並不完美，但我是可以選擇的，而且我撐過去了。

面對「必須改變」的事情，我們必須先找出哪些部分是我們可以控制的、哪些是不能控制的，並採取所有可能的行動，來改變負面環境造成的影響。

你的環境有哪些部分在影響著你？

必須擺脫和必須改變，你怎麼分類的？

你要如何積極的消除你周遭的負面影響？

第三步，意識到負面思維並轉成正面

人有非常多想法。從我寫這本書一直到你讀到的時間裡，可能已經有另一份與我看法衝突的研究出版了。即使我們保守點估計，一個人每天也會有大約六千個想法。[45]這個動腦量可是很多的！難怪我總是累得要命。

---

45 Julie Tseng and Jordan Poppenk, "Brain Meta-State Transitions Demarcate Thoughts across Task Contexts, Exposing the Mental Noise of Trait Neuroticism," 2019, https://doi.org/10.1101/576298.

我們的（六千個）想法對心理有極大影響，尤其當這些想法高度重複時（記得那些鋪好的路嗎？）。正面的自我對話能讓人振奮、增強自信，負面的自我對話則會造成一個難以打破的惡性循環。一旦掌握了控制自己思想和感受的能力，就能開始轉變負面情緒。那要如何控制那些負面想法呢？我們必須培養意識並轉向。

首先，我們必須意識到自己的負面思維模式。

你是否有過這樣的經驗：你買了一輛車之後，突然發現放眼望去，都是跟你同樣車型和顏色的車？當然，不可能突然之間滿街都是灰色的豐田 Prius（除非你住在南加州）。你現在會更加意識到那輛車的存在，是因為你自己買了它。昨天街上有同樣數量的那輛車在跑，只是你沒有注意到而已。我們會找到自己所尋找的，而意識又會帶來更多意識。那麼，如果我們開始尋找自己的負面想法呢？

我請蜜雪兒開始寫負面日記，這是我喜歡的方法之一，可以幫助客戶更加意識到他們的負面想法。這種方法已經有幾十年的應用歷史，甚至被用來加強運動員的表現。[46] 蜜雪兒馬上就很……好啦，沒那麼喜歡。

「這太愚蠢了，我從十歲開始就沒寫過日記了。」她抱怨道。

「太棒了！把那句話寫進去！」我這樣回答，絲毫不動搖。

蜜雪兒的抱怨，伴隨著一個超大的白眼，就是日記的開場白：這太愚蠢了，沒有用的。

「然後呢？」她問道。

「與『這太愚蠢了，沒有用的』相反的正面想法是什麼？」

「把我的負面想法記錄下來，會很有幫助。」

「就是這樣！現在起，對每一個跳進腦海的負面想法都這樣做。」

蜜雪兒發出痛苦呻吟。我給她比了個繼續的手勢。

在接下來兩週裡，蜜雪兒寫了十頁日記。她非常震驚自己竟然有那麼頻繁的負面想法，無論是對自己、生活、工作，還是婚姻。

---

46 Richard Weaver et al., "Destructive dialogue: Negative Self-Talk and Positive Imaging," *College Student Journal* 22, no.3 (1988): 230-40; Susan G. Ziegler, "Negative Thought Stopping," *Journal of Physical Education, Recreation & Dance* 58, no. 4 (1987): 66-69, https://doi.org/10.1080/07303084.1987.10603869.

我看起來糟透了。
我的時間總是不夠。
對我來說一切都很困難。
我永遠不會真正成功。
湯姆不關心我了。

蜜雪兒意識到有許多負面想法每天都在重複。她那些道路就像剛鋪好的平整柏油路，小孩子會超愛在上面騎腳踏車的。她承認：「看到那些出現在紙上，真的很令人尷尬。」

「那妳感覺怎麼樣？」我問。

「說實話，這讓我意識到跟我相處有多不舒服，就連我都不想和自己出去玩了。我想改變。」然後，我們繼續探討如何將這些想法轉向。

「我今天看起來糟透了」，變成「我今天的頭髮看起來棒極了」。

「我的時間總是不夠」，變成「我能控制我的時間，而且能夠做我認為最重要的事」。

「對我來說一切都很困難」，變成「我是有能力的」。注意：你可以把這句話改成「對我來說一切都很容易」，但我的目標是要**找一句你可以真正相信並支持的句子**，蜜雪兒暫時還做不到。

「我永遠不會真正成功」，變成「我已經成功了，我感謝我所擁有的一切」。注意：**感恩是正向思考的重要部分**。無論何時，只要以表達感激之情來對抗負面思想，你就贏了。

「湯姆不關心我了」，變成「湯姆愛我到可以熬過這個難關」。

在寫了四週日記和練習轉向之後，蜜雪兒真的開始改變了。她記錄的項目減少了，整體舉止也有了變化。「我不相信這方法會有用，而且我完全沒想過我會開始相信這些新想法。」我叫她把這句話寫下來。她笑了。我不是在開玩笑。

負面日記是我在幫助客戶意識到並改變想法時，很成功的方法之一。它很簡單，但很有效，因為它建立在我們對大腦的了解之上。我保證你會喜歡……最終會喜歡的。

現在就來準備寫你自己的負面日記吧。

1. **找一本日記本**：對，一本真正的筆記本。我知道用手機比較方便，但研究指出，**當你用手寫時，你和文字的連結會更緊密**。[47]
2. **開始追蹤**：一旦負面想法出現就寫下來。
3. **將它們轉向**：每個想法都有一個潛在的相反想法。選擇一個你能夠同意並支持的相反想法，若包含感激之情會更加分。
4. **始終如一**：理想情況下，你要使用這本日記，直到你的正面想法超越負面想法為止。正如我們不可能健身一次就得到理想的身材，要是沒有持續努力，也不可能轉變我們的負面想法。
5. **追蹤你的進步狀況**：對！又是前後對照，我說過我愛這種東西。看看每週負面想法減少的狀況，觀察哪些方面正在改進。

就算是最頑固的人，也會發現自己正在和負面日記一起成長。只要你覺得自己的負面想法開始超過正面想法，就可以回來做這個練習。意識到自己有多強大，不是一件很不可思議的事嗎？

正向，吸引他人、有益健康的力量

正面的態度不僅是獲得親和力的關鍵要素，還會讓你在擁有親和力的路上，來得更加輕鬆，更容易和人產生連結與共鳴。

蜜雪兒透過轉向更正面的思維方式，挽救了她的婚姻，但你的情況或許沒那麼糟糕，可能是想要應付一個艱難的情況或難相處的人，可能想要更快樂，也可能是想更容易與人建立連結。

用正向程度量表建立目前的基準、在你所處的環境中改變你能改變的，以及控制你的思想，這些都會讓你變得更正向、更快樂。

---

47 Jacqueline Fagard, "Early Development of Hand Preference and Language Lateralization: Are They Linked, and If so, How?," *Developmental Psychobiology* 55, no. 6 (2013): 596-607, https://doi.org/10.1002/dev.21131; Eileen Luders et al., "The Unique Brain Anatomy of Meditation Practitioners: Alterations in Cortical Gyrification," *Frontiers in Human Neuroscience* 6 (2012), https://doi.org/10.3389/fnhum.2012.00034.

做做看！

行動

在正向程度量表中，你哪個部分最有改進空間？

你可以改變環境中哪些部分，來支持你變得積極正向？

寫日記！

心態

我看到所有事物中好的一面。

第六章　在場，是你能送給朋友的最棒禮物

要變得更有親和力，第二個必要元素就是溝通。

若想寫一本關於建立人際關係的書，就必定會提到溝通技巧這個主要成分。事實上，確實有數千本由其他專家撰寫的書籍和文章，提供了很棒的建議和策略，讓你成為一個更好的溝通者。然而，在那千言萬語之中，我通常都覺得少了什麼。溝通到能真正與他人產生連結，是一種充滿活力的行為。這件事是很活的。

我們花了太多時間聚焦在如何對話，卻忘記了如何真正「在場」。要成為一個優秀、容易與人連結的溝通者，你只需要記住兩件事：處在當下、順應。**我們給予的注意力，會讓別人感受到我們的投入**。我們把所有注意力和精力都投入進去，確保與我們溝通的人能感受到我們的專注。而**順應的能力讓我們可以調整溝通方式，以滿足當時的受眾**（無論是一個人還是一百人）。

說到這個，讓我們來深入探討「在場」。

「人性中最深層的衝動，是想變得重要。」——約翰・杜威（John Deway），美國著名哲學家、教育家、心理學家

你是否有過這樣的經歷：在某個活動中與某人搭話，卻馬上能知道對方的思緒已經飄去其他地方？他們的目光總是移開，好幾次要求你重複剛說的話，因為他們沒有在聽，而且他們經常很明顯的在看手機。噢，科技，我是多麼愛你，但奇妙的是，那些設計來讓我們保持連結的東西，卻讓我們如此疏離。

我要先承認自己對手機上癮。我經常覺得蘋果（Apple）的螢幕使用時間功能，對我的判斷太不公平了，而且看到我每天花在手機上的時間，也無法改變我的習慣。早晨睜開眼睛的那一刻，睡眼惺忪的我馬上就會把手伸到左邊，四處摸索，直到摸到我心愛的輕量金屬塊——手機。然後，我至少要花二十分鐘的時間，瞇著眼睛查看通知和滑IG，最後才起身享受我的另一個癮頭——咖啡因。

有一天晚上，那時是學校放假期間，我和女兒一起看電影。我要先聲明，在過去的一星期裡，我們每天二十四小時都在一起，一起做很多事情，也有去不同的地方，還有找她的朋友們一起玩，我很努力做好媽媽的角色。現在，《超人特攻

隊2》（*Incredibles 2*）已經演二十分鐘了（順便告訴你，這已經是我們第十次看了），我們都把手伸進塗了過量奶油（真的會有過量這回事嗎？）的爆米花裡。儘管我女兒幾乎可以逐字逐句的背出臺詞，但她還是全神貫注並笑了起來。

我呢？我那隻沒沾上奶油的手同時在亞馬遜（Amazon）上購物。我在買我不需要的東西，而且是兩天內絕對用不到的東西。

我女兒轉向我，一雙美麗的棕色大眼睛望著我，接著她說：「媽媽，妳可以把手機放下來，跟我一起看這部電影嗎？」呃，該死的內疚加羞愧當頭淋下。我的孩子竟然指出了「我一直在教別人」的東西。我因為什麼事讓她覺得被忽視了？因為我永遠不會吃的維他命在打折？套用我朋友生日派對邀請函上寫的：「你來就是我的禮物了。」雖然我們都知道她在撒謊，而且是真的想要禮物，但這個前提是正確的。

在所有關係中，無論是剛萌芽還是已成形的，**我們的「在場」都是我們所能給予的最佳禮物**。我女兒就只能跟著我，所以我會有第二次、第三次（和第一千次）機會為她做對的事。然而，我們未必總有那麼大的犯錯空間。

面試機會只有一次。

第一次約會的機會只有一次。

拜訪潛在客戶的機會只有一次。

留下第一印象的機會只有一次。

與任何人初次往來，你就得表現出色。如果你想繼續跟他們建立關係呢？就必須持續拿出同樣的表現。

如果我們在日常互動中練習「在場」和「處在當下」會怎麼樣？

我們都有過這樣的經驗：我們都能回想起那段和某人在一起的時光，想要和這個人培養一段關係，無論是工作上還是私人生活上，我們卻沒那麼專心。你總是想著其他事情或其他人，就是不在當下，而且有無數的理由來解釋。

我知道你有很多事要做！像是那一天壓力很大，你收到了讓人心煩意亂的郵件，回到家之後還有那麼多事情要忙，你媽又不停打電話給你——這些我都懂。但是現在，我們就想像一下回到過去，做出不同的選擇。想像一下你全心全意沉浸在當下，你會做出哪些改變？

決定關注對象後，其他先無視

這裡我要舉我自己的例子。在我成長過程中，身邊有一個很棒的男人。不，不是我爸，雖然有他陪伴也很棒。我說的是弗雷德．羅傑斯（Fred Rogers）先生。他在美國公共廣播電視公司（PBS）的兒童節目《羅傑斯先生的鄰居》（*Mister Rogers' Neighborhood*）是我家的主打節目。他說話溫柔又自信，流露出親切和愛心。所謂的「當個好人」，他就是終極典範。

我在讀馬克斯韋爾．金（Maxwell King）的《好鄰居：弗雷德．羅傑斯的生活和工作》（*The Good Neighbor: The Life and Work of Fred Rogers*）時，對下了節目的羅傑斯很感興趣，甚至更欣賞他了。我看過有些娛樂圈的人，在螢幕上和私底下的表現並不一致，而當我知道攝影機停止拍攝時，羅傑斯仍舊表現得一樣，我著實感到安心。金在序言中放了一個故事，完美說明了真正真實的在場是什麼模樣，這麼多年了，這個故事一直縈繞在我的腦海中。

一九八五年，羅傑斯在他的節目最成功的時候，被邀請上了《歐普拉．溫芙蕾秀》（*Oprah Winfrey Show*，這個節目在我年輕時也是個招牌節目）。

《羅傑斯先生的鄰居》致力於幫助孩子們感受並理解愛、善良、同情和接受，但**羅傑斯提出了奇怪的條件，堅持上歐普拉秀時觀眾席裡絕不可以有小孩**。他所有的觀眾都是小孩子，卻不允許歐普拉的節目裡出現小孩？這多奇怪啊。或者該說他是多麼有自我意識啊。羅傑斯知道，如果有小孩子在場，他就會更加注意小孩，而忽略了歐普拉。

但電視節目有他們自己的考量，歐普拉節目的製作人沒有理會他的要求。從製作的角度來看，這有其道理：如果你請了一位著名的兒童電視明星，觀眾席裡面自然就要有小孩子。他們不太清楚自己挖了什麼樣的坑，隨後讓孩子們發問的環節，進一步證明了這一點。

「當孩子們開始直接問他問題，他似乎迷失在他們的世界裡，配合孩子放慢了回答速度，甚至在座位上彎下腰，好像要跟他們維持在同樣的高度。」[48]一個小女孩跑到臺上去討抱抱，他就很開心的抱了她。一個小男孩很注意臺上的小型手推車布置，使得羅傑斯全神貫注的看著他。

在那一瞬間，羅傑斯變得更加在意每個孩子都能被聽到和看到，根本忘了要為歐普拉做出好的電視節目。這個環節就這樣走偏了，被一種與生俱來、想要關注最重要之人的內在傾向帶偏了。

這個故事的寓意是什麼？如果羅傑斯能無視歐普拉，去關注一個想要擁抱的小女孩，我也能無視提醒我網購商品就要來了的聲音。

不過呢，並不是每個人穿紅色開襟羊毛衫都像羅傑斯那麼好看，所以還是來看看如何在人際交往方面能夠更像他。你可以關注以下三個要素，來表現出你處在當下：

- 眼神接觸。
- 移除不必要的干擾。
- 好奇的傾聽。

48 Maxwell King, *The Good Neighbor: the Life and Work of Fred Rogers* (Farmington Hills, MI: Large Print Press, a part of Gale, a Cengage Company, 2019).

眼神接觸，但不要超過九秒

馬克是我的客戶，我輔導他兩個月之後才第一次見面。他在德州工作，是我們的共同朋友介紹他來找我，幫助他提高銷售技巧。他在一家軟體公司遠端工作，覺得自己的成長已經停滯。我不是一個ABC（Always be closing，一定要成交）銷售講師，但我曾與許多組織合作，**幫助他們的團隊建立更好的關係，藉此提高銷售量**，這一切都是有連結的（關係連結、因果連結——沒錯，這是雙關）。

合作的兩個月裡，我們有了一些進展，但他並未達到我所希望的突破。他說：「現在我跟客戶的電子郵件溝通很順暢，講電話時也更有自信和連結感。但面對面溝通就是不太行，我也搞不清楚是什麼問題，反正每次事情都會出錯。」

說到這裡，我真的很好奇，如果透過電子郵件和電話都能夠成功，面對面到底有什麼不同。口臭？外表邋遢？有兩個鼻子？我看過他的照片，也有用視訊對話，所以我很確定他外表「正常」。於是我提議：「你下週不是要來紐約開會嗎？我們直接見面吧，然後模擬你跟客戶的互動。」他同意了。

當天馬克走進咖啡店，穿著整潔的西裝，頭髮梳得相當整齊，身上沒有明顯的氣味，也只有一個鼻子。到目前為止，一切都很好。我們打完招呼後，他在我面前坐下來，開始看菜單。之後他又再盯著菜單，接著目光從我的眼睛轉向我身後某樣顯然更有趣的東西，然後轉向地板、天花板，和他的咖啡。

「呃，馬克？你是要去別的地方嗎？」

「沒有啊，怎麼了？」

「**你的視線到處飄**。我們坐在這裡對話，但你似乎寧願待在別的地方。」

就是這個。如此單純的東西。馬克擅長在螢幕或電話後面工作，但一旦他本人在場，他就難以建立連結。「因為感覺太尷尬了，我想我從來沒有意識到我一直在迴避視線。」馬克猜測道。

在所有的社交互動中，眼神接觸都至關重要。直接的凝視能建立連結，傳達出你的「在場」。[49]我們都曾和馬克這樣的人交談過，也知道當別人不和你對視時

49 Chris L. Kleinke, "Gaze and Eye Contact: A Research Review.," *Psychological Bulletin* 100, no. 1 (1986): 78-100, https://doi.org/10.1037/0033-2909.100.1.78.

是什麼感覺。你馬上就感覺與對方的連結少了，會對他們有所懷疑，也會懷疑自己為什麼要把時間浪費在他們不感興趣的談話上。

對眼神接觸的渴望，是與生俱來的生理反應。研究指出，**就連只有幾天大的新生兒，也喜歡那些會和他們進行眼神交流的面孔。**[50]對四個月大的健康嬰兒來說，直接的眼神接觸，會讓他們的大腦表現出「強化的神經處理過程」，也就是說，眼神接觸會讓他們的大腦運轉起來。[51]就像嬰兒一樣，眼神交流是讓我們大腦處理過程加快的基礎。

「但我不想。」

我同意馬克的看法，眼神交流有時真的很尷尬！有一天晚餐的時候，有個蹣跚學步的幼兒緊緊盯著我看。她很可愛，但那個眼神之強烈，強烈到我肯定她就是在指責我六年級時沒把圖書館的書還回去。

進行和保持眼神接觸，可能會讓人感到不自在和坦露。這種行為的親密度，或許會讓你覺得有點太……被看見了。我不會經常忽視你的感受，但談到眼神接觸這部分時，我們得克服這個障礙，因為它實在太重要了。為了讓別人感覺到你在場，你必須開始練習良好的眼神交流。在交談時，我們必須看著對方的眼睛，以建立這種連結。

但我要說清楚，這並不是叫你用令人毛骨悚然的目光，一動也不動的盯著對方。研究顯示，過度強烈的眼神接觸會讓人感到不舒服，還會讓大腦負荷過大。[52]**大多數人在眼神接觸持續九秒後，就會感到不太自在**，所以在「我正在專心」和「我正在偷走你的靈魂」之間找到一個平衡點，是非常重要的。[53]

下面是一些在對話中保持眼神接觸的方法：

---

50 Teresa Farroni et al., "Eye Contact Detection in Humans from Birth," *Proceedings of the National Academy of Sciences* 99, no. 14 (2002): 9602-05, doi:10.1073/pnas.152159999.

51 出處同注釋50。

52 Shogo Kajimura and Michio Nomura, "When We Cannot Speak: Eye Contact Disrupts Resources Available to Cognitive Control Processes during Verb Generation," *Cognition* 157 (2016): 352-57, https://doi.org/10.1016/j.cognition.2016.10.002.

53 Nicola Binetti et al., "Pupil Dilation as an Index of Preferred Mutual Gaze Duration," *Royal Society Open Science* 3, no. 7 (2016): 160086, https://doi.org/10.1098/rsos.160086.

- 說話時，大部分時間都要保持眼神接觸。
- 相互凝視五到六秒後，就休息一下。
- 在暫時移開視線稍作休息時，要練習視覺游移，不要專注於環境中其他事物（也就是別因為要看電視或看別人而中斷眼神接觸，視線要沒有目的的飄移）。
- 聆聽時要保持更多的眼神接觸。

就像我們討論過的一樣，改變習慣是一個過程，務必要有耐心。經過大約一個月的練習，馬克才開始覺得，在交談時進行自然的眼神接觸比較自在了，而正如預期的那樣，他面對面時的銷售量也提高了。你也能做到這樣。

換位思考，移除不必要的干擾

干擾如此之多，時間卻如此之少。如果我們把注意力放在對話以外的事情上，就無法真正處在當下。

你最後一次在他人面前「低頭」是什麼時候？或別人在你面前低頭？我承認

我在陪女兒看電影時低頭，這是很不好的行為。[54] 這裡的低頭（phub，手機 phone 加上冷落 snub 的組合字）指的是我們在和別人說話時冷落對方，低頭看自己的手機，在每個人都離不開手機的當今世界中，這種現象已經越來越普遍。

不出所料，低頭族的行為，已被證實會對人際關係和溝通產生負面影響。[55] 如果我和某人說話時，**對方一直在看手機，我就會認為他們對這次談話不感興趣，因此我也不必太投入**。對方一直低頭看手機，會讓你感覺被排斥和拒絕。

確實，我們在互動時忽視彼此，並不一定是蘋果創始人賈伯斯（Steve Jobs）的錯。我們也會因周圍環境或其他因素分心。然而，當你把更多注意力放在周圍環境，而不注意面前那個人，你就是在破壞這段關係的發展。

54 Jamie Ducharme, "What Is Phubbing? Why It's Bad for Relationships and Mental Health," *Time*, March 29, 2018, https://time.com/5216853/what-is-phubbing/.

55 Varoth Chotpitayasunondh and Karen M. Douglas, "The Effects of 'Phubbing' on Social Interaction," *Journal of Applied Social Psychology* 48 (2018): 304–16, https://doi.org/10.1111/jasp.12506.

我曾和一個前職業棒球選手約會過。我們去運動酒吧，那時正值棒球賽季。我們走進酒吧時，我能感覺到他非常興奮——因為高清的螢幕播放著三場比賽。那天晚上，比起認識我的約會對象，我對酒保琳達（Linda）的認識還比較多……我和他連一秒鐘都沒聊。

在對話時總是有可能分心，但並沒有簡單的解決辦法。你就是得做出選擇：那個人還是其他事？

你選擇把注意力集中在和你說話的人身上，還是你的手機上？

你選擇把注意力集中在約會上，還是看電視上？

你選擇把注意力集中在你正在交談的對象，還是不斷尋找你想在活動中認識的更重要對象？

「處在當下」的目標，是**全身心都參與到眼前的對話中**。移除不必要的干擾，意味著要將視野縮小到我們正在互動的對象身上。無論身旁是手機、電視還是其他人，我們都需要夠穩定，來抵抗一心多用的衝動。

當你心有疑慮時，問問自己：「如果角色互換，我會有什麼感覺？」然後想想我女兒那雙讓人感到慚愧的眼睛。專心點。

帶著好奇心傾聽，對話有來有往

我毫不掩飾的開始偷聽坐在三個座位外那對男女的對話。這是我一個人出差時喜愛的活動之一——在飯店的酒吧裡觀察人。這不是偷窺，這是研究，我的酒吧帳單是要報帳的。

那位黑髮美女迷戀著她的約會對象，很可能也很迷戀自己。她微笑著與對方眼神接觸，但花同樣多的時間，透過酒架後面的鏡子檢查她的妝髮。光線很棒，她看起來非常美，這一切都讓我對著我的酒咯咯笑。我們人類是如此的有趣。

我聽到她的約會對象說：「去年我剛好有機會去了義大利，那裡真的是太棒了。」這句話是個很棒的開場，可以接著詢問關於他那趟旅行的問題，但她回以五分鐘的獨白，講述自己在歐洲的精彩旅行。他很適當的詢問旅行的後續，不過他們談完她護照上那些印章後，就接著聊工作了。

「那麼，你是做什麼的？」她問。我本希望這個問題能問得更巧妙一些，但至少她問了一個問題！接著他開始告訴她分析師的工作，她帶著勉強的微笑點點頭，毫無熱情的回答：「那真不錯。」沒有任何進一步的問題，沒有興趣，沒有活力。這種毫無火花的嘻笑逗弄（雖然根本稱不上如此）又持續了二十分鐘，他們再加點酒時，我實在是用盡全力才沒有喊出：「快跑啊老兄！跟她是沒有結果的。」

老實說，光是看著他們兩個就耗盡我的精力。對話不應該是這樣的感覺。當然，她有保持眼神接觸，也沒有拿著手機，但她完全沒有投入其中。只要傾聽時帶著一點點的好奇，就會大有幫助。

可能有人會說：「呃，瑞秋，我想妳指的是『積極』傾聽。」

是的，我知道。積極傾聽是溝通的黃金標準，需要全神貫注，對說話者所說的內容表現出興趣，並以語言和非語言的方式表現出你一直在認真聽。[56]它包括了我們前面提到的眼神接觸和移除干擾，但也包括了集中注意力在你自己的反應。

我希望你全都做到，但我還想要更多。我這人很苛刻的，你現在應該知道了。**除了集中注意力和表現出興趣外，我希望你也帶著好奇心**。想像一下，如果剛才那位女子有練習好奇的傾聽，他們在酒吧裡的對話會有什麼不同？

他說：「去年我剛好有機會去了義大利，那裡真的是太棒了。」

她說：「哇！我沒去過義大利，但我在歐洲旅行的時間很長。你住在哪裡？那邊的食物真的像他們說的那麼好吃嗎？快跟我分享！」

或是談到工作時：

她說：「那麼，你是做什麼的？」

他說：「我是金融分析師。」

她說：「噢，我完全不知道分析師在做什麼！你每天在做什麼呢？」

他說：「就是大量研究分析和推薦股票。我在一家金融公司工作，雖然需要一直算數字和閱讀，但我喜歡這份工作。」

她說：「很棒耶，你熱愛自己的工作。那你在那間公司多久了？」

---

56 Vahid Kohpeima Jahromi et al., "Active Listening: The Key of Successful Communication in Hospital Managers," *Electronic Physician* 8, no. 3 (2016): 2123-28, https://doi.org/10.19082/2123.

你能感覺到這些對話的差異嗎？當時他們的對話平淡乏味，唯一能讓他們保持連結的，是肉體上的吸引。而理想的對話可以創造更多東西，能夠建立起關係。前述這些在所有互動中都管用，不僅是第一次約會。任何時候你想和某人連結，無論是第一次還是第五十次，你都可以當個好奇的傾聽者。

以下三個步驟，可以讓你在對話中帶著更多好奇：

1. **傾聽你感興趣的話題**：你未必對他們說的每一件事都很好奇，但**如果你注意聽，就會對其中某件事產生興趣**。找個你會有共鳴，並想了解更多的話題。

2. **提出開放式問題，讓對方說故事**：最困難的部分，是避免自己對這個話題滔滔不絕，而沒有鼓勵對方分享他們的故事。當我們有所共鳴，經常會開始談論自己的經歷，比如：

「我幾個月前摔斷了手臂，要花很長的時間才能完全癒合，超誇張的。」

「天哪，我四年級時也摔斷過手臂耶。有夠慘，我整個夏天都不能游泳。」

這不是增強談話能力的方法，而是只在意自己。你可以專注於「如何、什麼、為什麼」，比方說：怎麼發生的？是什麼導致了那個決定？你為什麼選擇那個方向？

3. 想像你正在為一篇報導做研究：如果你是個優秀的記者，你不會得到第一個回應後就停下來。**問一些你真正感興趣的後續問題，讓一個故事帶出另一個故事。**

「我幾個月前摔斷了手臂，要花很長的時間才能完全癒合，超誇張的。」

「哇，你怎麼會摔倒？」

「我當時在騎越野單車，結果撞到一塊石頭。我從手把上飛出去，然後我用手支撐就傷到了。」

「天哪！我也摔斷手臂過，真的很可怕。你騎越野單車多久了？」

「從十二歲開始。我爸以前常帶我去。他去年過世了，現在我替他騎。我下週就可以回去繼續騎車了。」

這樣就成了一段有趣的談話。深入了解一個能夠幫助你建立真實連結的故事，並不需要太多的時間。

還不相信嗎？用一個天才的話來說：「我沒有什麼特別的天分，我只是充滿好奇心。」——愛因斯坦。好奇的傾聽最棒了！

與人交流，務必保持專注

儘管我還是希望每個節日都能收到禮物，但「在場」確實是一種禮物。**我們越能集中注意力保持眼神接觸，移除不必要的干擾，並充滿好奇的傾聽，就能建立更好的連結。**你有能力確實處在每一次互動中，而你的在場絕對能夠讓你與他人建立連結。

做做看！

行動

在我的生活中，有什麼地方可以打造成「無行動裝置區」？

我要怎樣才能在對話中更有好奇心？

心態

在每一次互動中，我都會處在當下。

第七章　當狀況不明確時，多聽少說

「能生存下來的不是最強壯的物種，也不是最聰明的物種，而是最能適應變化的物種。」——達爾文（Charles Darwin），英國博物學家、地質學家和生物學家

你是否曾走進一群人當中，打算說一件事，但你很快就意識到，無論你準備了什麼，都不會受到歡迎？也許你在和別人交談，但事情並不順利，因為你們根本就在不同的頻率上？或是有些時候，時機就是很糟糕？在第六章中，我們討論了親和力溝通的前半部分——「在場」，現在是時候進入第二個同樣重要的成分——順應力。

人際關係中最有趣也最令人受挫的部分，就是每個人都不一樣。我以前都說，每個人的獨一無二就像雪花，但考慮到這個詞的政治意涵（按：在英文中，會用雪花來形容人過度敏感、脆弱，且在政治上常被右派人士拿來辱罵左派人士），

我們就改說人類的獨一無二像……指紋。我們都是由許多不同的層面所組成，不論是個性、經歷、環境和心情等，沒有人和其他人相同，因為上述所有元素都會影響著每一次互動。

由於這些差異，因此建立關係沒有一個萬用的方法，而且絕對不要相信任何人給的公式。我每次看到書籍、文章、媒體試圖把對話寫成一種腳本時，我就痛苦到受不了，例如「這樣說會讓他們跟你買／僱用你／跟你約會／愛你」，好像有一種公式能超越我們所有的獨特性一樣！我也希望有，雖然我可能會因此失業，但如果真有公式，就能讓很多人遠離那些尷尬、不舒服和沮喪的時刻。雖然這些資源對某些人來說可能是很好的起點，但它們絕不應該被視為福音，並複製貼上到你的生活和溝通中。

沒有一條單一標準，也沒有一種單一方法；唯一有效的，只有你的順應力。

你可能會問：「為什麼我得去順應他們？為什麼不是他們來順應我？」

我要給你一點嚴厲的愛的教育：如果你想要什麼，你要自己努力；如果在當時的情況下，你是情緒智力比較高的人，你就會去做；如果你想成為一個更好的溝通者，你就得去做。順應力可以幫助你連結、建立與支持一段關係，幫助你得到你想要的東西，無論是共識、銷售、推廣，還是其他任何需要與他人互動的東西，也就是說，很多東西。

溝通中的**順應力，是我們根據環境氛圍、對方性情和時機變化的能力**。

不閱讀空氣，難怪別人聽不進去

麥克（Mike）帶著一種唯我獨尊的囂張態度，走進新工作的第一次公司會議。他懶洋洋的癱坐在明亮會議室後方的椅子上，當團隊領導人開始說明，針對公司所製造藥物的最新研究時，麥克翻了翻白眼：「能不能趕快結束，好讓我出去賺點錢？」他壓低聲音說著。

不幸的是，他的內心獨白再次背叛了他，他的新同事們不以為然的斜眼看了他一眼。這些人都很投入。他們在這間公司生活、吃飯、呼吸，而麥克的自大使他沒有任何朋友。

理論上，麥克是製藥銷售業務的完美人選。他可以自信的走進醫生辦公室，絲毫沒有緊張情緒。而且他有著能和任何人談論任何事情的才能。他在之前的公司是大紅人，一接到通知，一群接待員就會為他鋪紅地毯。然而現在這間新公司來挖角他時，承諾給他更多錢和更好的福利，他便離開了之前的公司。

在麥克的上一份工作中，銷售團隊裡頭的業務員都跟他差不多自戀，而他們的會議感覺比較像是足球比賽前的更衣室，激勵大於教育。於是他就認為新公司的文化應該也很相似，並相信當一個吊兒郎當的角色，能讓他與同事建立連結。

也許是早上七點半開會太早了，也許是他還沒有攝取咖啡，反正麥克沒有意識到氣氛的不同。他沒有注意到他的同事們都坐得直挺挺的，專心在聽報告。他忽略了有兩位同事急切的追問後續問題，且其他同事真的都很關心答案是什麼。他無視所有的暗示，按照自己想要的方式行事。這對他非常不利。

你給人留下第一印象的機會就只有一次，雖然你可以透過努力擺脫壞印象，但在最初的互動中就用心一點，絕對會容易得多。

令人驚訝的是，麥克很快就變謙虛了。因為會議結束後，僱用他的經理把他拉到一邊說：「嘿，聽著，麥克，我認為你可以為團隊帶來很多東西，但我們這裡講究的是合作，不是煽動。我不知道你前一份工作的氣氛如何，但在這裡是行不通的。你現有的成績挽救不了你惡劣的態度。」

麥克已經有一段時間沒被主管訓斥了。他知道，在那個緊要關頭，他可以選擇自負，也可以選擇成功。幸虧比起挽回面子，麥克更看重這次機會。他承諾要改變自己的行為，並向在場的同事道歉。那天他在順應力這個課題上，學到了一個多少有些難堪的教訓。

你可能聽過「閱讀空氣」這種說法，但是閱讀空氣的能力，未必都很簡單。感知情緒的能力是一種藝術形式，也是交流中不可或缺的成分。對麥克來說，為了與新同事和新老闆更親近，學會順應新環境至關重要。這並不一定表示他必須成為另一個人，我絕不會指望麥克帶著滿腔學習的熱情，參與下一次會議，但重要的是，他至少得表現得很中性。

辨識出我們與環境的步調不同，就已經成功一半了，另一半則決定了我們要如何表現，但依然保持真實的感覺，這有時需要更多觀察，而不是只有互動而已。

如果我們已經和這個人建立了關係呢？當我們在不考慮環境的情況下，強行進行這些互動，會發生什麼事？有的時候，對話的內容也需要調整。

看看布莉姬（Bridgette）。她最近在秘魯經歷了一次非常神奇的冒險。她爬過馬丘比丘，和可愛的小山羊一起做瑜伽，如此脫離充滿壓力的工作兩週後，她感覺自己脫胎換骨了。布莉姬和好友艾麗（Allie）計畫在旅行後見面共進午餐，她迫不及待想告訴對方她所有的經歷。

當布莉姬到達餐廳時，她以一個五歲小孩在聖誕節早晨的興奮心情，坐在餐桌旁，充滿了期待。艾麗還沒看完菜單，布莉姬就開始講了起來：「天哪，妳一定要去秘魯，感覺實在太棒了，我到現在還在飄飄然。那裡的人、食物、健行，全部都太神奇了。我甚至無法理解為什麼有人能在一個地方過一輩子，卻不去那邊看看。那太慘了。我覺得我應該還會再去，也許去不只一次！下次妳想不想一起去？妳一定會喜歡！妳也可以帶傑克（Jack）一起去。」

布莉姬肯定已經喋喋不休了五分鐘，才終於真正看到她朋友的神情，在那之前，對方不過是一具可以對著滔滔不絕的人體而已。最後，布莉姬注意到了朋友的沉默。

這時艾麗已經眼眶含淚，布莉姬才說了一句：「等等，妳怎麼了？」她的淚水就潰堤了。原來，當布莉姬正在進行一場充滿山羊的神奇冒險時，艾麗的男友和她分手了，布莉姬完全不知道這件事。她對自己的歡樂轟炸感到愧疚，而艾麗很難過對方居然沒有發現自己的憂鬱狀態，使得剩下的午餐時間一直很尷尬。

布莉姬在一次面談中跟我說起這件事。我問她為什麼想談這件事，她回答：「我真的很難過，但我不知道如何挽救那場對話。她還在生我的氣。」

我又問：「妳關心艾麗嗎？妳關心她的感受嗎？」

「關心啊。她是個好人，也是個好朋友。」

我告訴布莉姬，遇到這種情況時，我給大家的建議都一樣：如果一個朋友（坦白的說，或是任何人）正在難過，那麼**整場對話就必須重新集中在支持那個人。不管你們的關係如何，別人在不高興的時候，絕對聽不進你想說的話。**

你在個人生活、工作和戀愛關係中，都可能會遇到這樣的狀況。**有人在不高興，有時是因為你，有時是因為一些和你完全無關的原因，但你該有的反應是一樣的。**也許你當時有其他事要談，但在那一刻，為了這段關係，最重要的就是關注他們。一定會有其他機會可以表達你要說的話、提出你的問題，或講述你的故事。

在非常多情況下，我們必須透過學習閱讀他人的暗示，來順應整個環境氛圍。就像麥克和布莉姬的例子一樣，讓**自己保持一些彈性**，看出潛在的關係殺手，比方說文化和情緒的落差，這樣一來，你的每一次互動都能受益。

根據對方個性，懂得如何配合

我不知道你們怎麼樣，但二〇二〇年是我被量額溫最多次的年分了。量測體溫是有用的健康評估方式，而量測性情則是一種更有益的方式，用以評估我們的溝通狀況。

大家都知道這條黃金法則吧？「你希望別人怎樣對待你，你就要怎樣對待別人。」表面上來看，這似乎很正確。如果我希望別人尊重我，我就應該尊重別人；如果我希望別人對我好，我就應該對別人好。很合理。

順應力將這條黃金法則帶到了下一個層次。**我們必須以對方需要的方式對待他們，也就是以同理心和體諒來對待別人**，這對可產生連結的溝通大有幫助。

到底什麼是同理心？在這裡要先定義清楚，因為它經常與同情心混淆。同情是「我為你感到難過」，而同理是「我明白你的感受」。這是當你理解一個人正在經歷的事情時，知道如果換成了你，你會有什麼感覺。

就拿經常被廣泛討論的性格特質「外向」為例。外向者喜歡熱鬧的派對，他們處在人群之中會特別有活力，很少需要獨處的時間。相對的，就是內向的朋友了。在團體中度過一天之後，他們需要安靜的時間來重新組織自己，可能會跳過活動後續的派對，有些可能會被貼上「害羞」或「拘謹」的標籤。

當一名外向者接近一名內向者，完全不考慮對方的感受和需求，就想要進入一段對話，會發生什麼事？你會看見雙方完完全全無法連結。他們不自在的感覺通常顯而易見，只見他們會停止微笑，保持肢體距離，移開目光接觸，試圖降低緊張程度，如此盡可能的製造出很多分隔。

我有一個非常外向的朋友叫做娜塔莉亞（Natalia），我很喜歡她。她總是派對上的焦點人物，在聚光燈底下的表現能力無人能及。但娜塔莉亞非常愛高談闊論，她總是火力全開，在對話中橫衝直撞。身為一名外向者，我可以應付娜塔莉亞。然而，我也見過很多本可以和她產生連結的人，因為她的個性而卻步。

她只接受一種表現方式，儘管我們都有順應的能力，但她選擇不去順應。有一次，在目睹了一場格外尷尬的遭遇後，我忍不住和她溫和的談了一下。娜塔莉亞只是聳聳肩說：「要嘛愛我，要嘛離開我。」這完全是她的選擇，但她的固執很可能會阻礙她的成功。

在我們開始對話之前，先衡量一個人的性情，可以讓我們大致了解這個人，進而避免因為失態，妨礙了你們建立關係。**當你不確定時，務必多聽少說，直到你知道如何配合他們。**

選擇好時機，大大提升對話成功率

你對他人情緒和性情的順應力，能讓你的溝通更加順利，但如果只是時機的問題，那事情會怎麼發展呢？就像布莉姬的午餐災難，她朋友不會永遠那麼心煩意亂。艾麗那時是特殊狀況，而布莉姬若想和朋友建立連結的話，需要改變她進行對話的方式。**有時候，如果時機不對，就不應該進行對話。**這讓我想起有一次，我有個非常為難人的請求，且當時可能會導致兩種結果。

事情是這樣的，我非常幸運，在父母互相關愛、互相尊重的家庭長大。他們從大學新生入學報到的第一天就在一起了，半個世紀後，他們顯然依舊愛著對方。他們從不吝於表達對我的愛，是我最大的粉絲，而我會講這些，絕對不是因為他們會讀這本書。說實話，如果有一天我要接受心理治療，原因肯定和父母無關。

我當時是一個彆扭又戲劇化的十三歲孩子，身處在滿是體育愛好者的家裡。

毫不誇張的說，我家裡每個人都擅長運動，除了我以外。我爸是籃球教練，以前也是棒球員；我媽是田徑健將；我哥的必殺技就是三分球。我呢？中學時，我會一直站在足球場的一端，想著：「反正他們會跑回來。我為什麼要跑到另一邊去？」在父母要求下，我嘗試了每一種運動，但一再證明了任何與橡皮球有關的運動，我都不擅長也不感興趣。

不過，我確實喜歡某樣東西——表演。十幾歲的時候，我最大的願望就是放棄自己有運動能力的假象，去當地的社區劇院參加試鏡。那部戲叫《愛麗絲夢遊仙境》（*Alice in Wonderland*），是在二十分鐘車程外的一個小鎮裡，一棟假裝是劇院的小房子裡進行的。其實那說不定是個兒童綁架集團的騙局，但我不在乎——成為這場演出的一部分，對我來說就是一切。

但有個問題：那時我十三歲，無法自己到那裡去。演出和彩排都是在報稅季進行，而我爸爸是個會計師，意思就是那陣子他每天有超過十二個小時都不在家，因為政府規定的最後期限很不彈性。

這樣一來，每天開車往返劇院的任務完全落在我媽身上，不過她也有全職工作，而且還要做家裡的所有家務。上帝保佑我那不怎麼做家務的爸爸，我從他那裡遺傳到很多。而我媽呢？她基本上就是穿著圍裙、推著割草機，而且事業有成的唐娜·瑞德（Donna Reed，按：美國演員，以在情境喜劇中飾演中產階級母親和家庭主婦聞名）。總之，這是個很令她為難的請求，我害怕被拒絕。

我第一次準備去講這件事的那天晚上，我走進廚房，聽到重重蓋上鍋蓋和嘆氣的聲音。媽媽累壞了，那天白天她可能砍倒了一棵樹、救了一隻孤兒小狗，現在最不想做的就是煮飯……不，她最不想做的，是同意接下來兩個月，每天開車送我往返劇院。我慢慢退回到房間裡，直到晚餐時間。你可能想知道我為什麼不主動幫忙她準備晚餐，但說真的，我希望大家都活得好好的，千萬別讓我進廚房。

第二天我醒來時，陽光明媚，鳥兒啁啾，媽媽心情非常好，因為這天是週六，不用去辦公室，一整天都要在院子裡除草。（別問了，那是她的歡樂天地。）我一屁股坐在早餐桌旁，看著她啜飲咖啡，說了句：「嘿，媽？我真的很想做一件事。可能是世界上我最想要做的事。」

她的正面反應，可能是因為她還沒完全攝入咖啡因，但她確實說了「好」。儘管我們都不知道後來戲劇演練會變得多緊湊，但在那一刻，她為我感到興奮。在接下來四年裡，她帶我去試鏡、排練和演出，每齣劇之間沒有多少休息時間。雖然她願意為我做這些事，不過我可以告訴你，當我拿到駕照、可以自己開車時，她也沒有一點不開心。

通常，回答「好」和「不好」的區別，就是時機。而且普遍來說，賭注都大於一個十幾歲女孩想要參與戲劇表演。有多少次，我們因為希望立即討論某件事，而強行展開對話，不願等待一個更合適的時機？

如果我第一天晚上問的話，我媽可能就拒絕了。當然，等到她心情好點的時候，我也許還能說服她，但如果我有那個耐心，為什麼一開始要留下不好的印象呢？**強行討論一些事情，會讓彼此都倍感壓力**。

想想以下這些適用的情況：

- 你要去談一筆交易，但客戶正因為員工問題而煩躁沮喪。
- 你必須和一個經常遲到的員工談談，但大家正專注於一個重要的案子。
- 你想要求加薪或升遷，但你老闆這陣子壓力比平時大。
- 你想和你的伴侶「談談」，但他們的專案截止日期快到了。
- 你想約某人出去，但他們似乎一反常態的心不在焉、冷淡。

有時候你可能會覺得，如果你不趕快進行對話，你可能會受不了。耐著性子等待合適的時機並不容易，但如果你能做到，會大大影響結果。

調整順應力，創造更多可能性

溝通既微妙又簡單。無論面對任何情境，最重要的就是保持專注。我們經常在傾聽的同時就準備回應，但如果我們帶著順應對方的目的去傾聽，那麼我們的整個行為舉止就會改變，也會創造出更多建立關係的可能性。

很多時候，**答應與拒絕的區別，在於時機；正面對話和負面互動的區別，在於你能否讀懂你的聽眾；給別人留下好印象和把他們趕跑的區別，在於能否迎合他們當下的狀態。**

做做看！

行動

你曾在對話中錯過暗示嗎？描述一下當時的情況。

你當時應該怎麼做比較好？

應該怎麼做，將來才會更有順應力？

心態

我能看出社交時的暗示。

第八章　「我們得談談」，是要講好事還是壞事

「我們得談談。」

凡妮莎（Vanessa）看到老闆傳來的訊息時，心隨即一沉。她需要這份工作，且她也很擅長。她知道她所在地區的業績數字在下降，但她有一個增加收益和重建團隊的計畫。難道老闆沒看到她有多努力工作嗎？她手指顫抖著撥打了老闆傑森（Jason）的電話，默默祈禱著，希望自己的聲音別洩漏出她有多害怕這次談話。

「凡妮莎！妳今天好嗎？」傑森中氣十足的說。凡妮莎確信他是想要讓她感到舒服點，然後才解僱她。她緊張的吞了一下口水，深吸一口氣，回答道：「我很好。你要跟我談談嗎？」

「對。南區的瑪麗（Marie）懷孕了，她打算無限期休假，今天已經提離職了。」傑森解釋道。

凡妮莎困惑回應：「哇，她那區的市場很大，我很驚訝她居然放棄了。」

「對，她放棄了，我希望妳去接手。我也希望妳能繼續目前的負責範圍，如果妳覺得妳能兼顧兩者的話。妳應該會需要多請幾個人來幫妳。」

呃，什麼？凡妮莎努力穩住自己的情緒，她本來確信老闆要解僱她，結果現在……卻得以升遷？「好，好的。當然。謝謝！」她結結巴巴的說。凡妮莎很驚訝自己的心跳快成這樣，竟然還能夠說話。她放下電話時，雙手還在顫抖。她不敢相信的看向窗外。又過了一小時，她的呼吸節奏才恢復正常，心情根本像雲霄飛車！

我們已經花了相當多篇幅在討論溝通的積極成分。你必須處在當下，確保對方知道你在，並渴望與他連結。你必須要有順應力，才能在各種對話中創造最佳結果。現在，我們必須思考自己說出來的話。

用字遣詞很重要。

你對「我們得談談」這句話有過正面的反應嗎？我自己是從來沒有！這句話通常都跟一些不好的事情有關——分手、解僱、失望、憤怒。無論在私人上還是工作上，這五個字給任何關係帶來的就只有壓力，應該要從我們的詞彙表中刪除。

凡妮莎的老闆在發訊息時能夠怎麼做，讓她不那麼焦慮呢？他其實可以直接打電話給凡妮莎，讓她從他的語氣去判斷，不過如果要傳訊息，也可以這樣寫：

「嘿！我這有個消息，對妳來說可能是個好機會，我們聊聊吧。」
「等一下有空嗎？我這有個機會要跟妳聊一下。」
「我必須告訴妳一些內部的變動，對妳來說可能是好消息。」

這三個中任何一個都會讓她知道，這次談的可能是正面的事情。凡妮莎未來的心臟病醫師會非常感激對方做了不同的選擇。

在每一次對話中，無論是發訊息還是面對面，我們都有機會選擇能與對方連結的詞彙。對話的時候，我們的目標應該是讓對方保持坦率且參與。不過凡妮莎接到電話時很緊張！她的心跳聲震耳欲聾，以至於大腦幾乎無法運轉。她當時處於戰或逃模式，而她想逃跑。**在那些本來無須緊張，壓力值卻升得很高的情況下，我們無法進行有意義的對話**。

我們如何與他人互動，會直接關係到他人與我們互動的方式。我們選擇的詞彙可以改變任何對話，因此當目標是跟對方建立連結時，我們就必須讓對方感到輕鬆自在。無論我們是跟已經有連結的人對話（如凡妮莎和老闆之間的工作關係），還是第一次和某人見面，選擇用詞都很重要。即使是閒聊，也必須選擇能讓人產生共鳴，而不是讓人感到恐懼的詞彙。

調整用句，人人都想跟你聊下去

就在COVID-19疫情爆發之前，我有幸到一個行銷研討會上做主題演講。許多觀眾都是來自不同行業的高階主管，他們想要讓業務成長，並進一步發展內部的行銷部門。我以前也在類似的活動上演講過，而且我總是很喜歡在演講結束後與觀眾交流，因為來聽演講的通常都是些聰明又有創意的人。

這一次也不例外，在我演講後的休息時間裡，我與來自全國各地的參與者進行了非常有趣的對話。當一場對話自然結束時，一名女子走向我：「這場演講很棒。我通常很討厭主講人，但妳真的很不錯。」呃，謝謝？我知道她是想恭維我，但這句話給人感覺並沒有真的很……好。

「謝謝。妳怎麼會來參加這場研討會呢？」我忽略剛才那奇怪的評論問道。

「我老闆每年都派我來。我會來聽演講，是因為他要我報告我『學到什麼』，答案是什麼也沒學到。但我喜歡免費的旅行。」

好吧。從她最初的評論，我就感覺到她和我不會有什麼連結，不過就像我說的，在這種研討會上總會有這麼有意思的人！我真想給她一個挽回自己的機會，看看她除了抱怨以外，還有什麼可說的。

「了解。好了，我得走了，我搭下午兩點的飛機。」

「啊，妳真幸運。我真希望我現在就能離開。」

結果我逃避了那次對話。我下臺時都會感到興奮、快樂，而她的出現，讓我的這種感覺迅速消退。當然，她散發的能量極其重要，她需要閱讀我關於積極正面的那一章，不過，她說的每一句話都可以修改，以避免不良後果。

讓我們來看看修改後，會有什麼不同的結果。我們就叫她「女子」吧，因為那次對話我逃得太快了，連她的名字都沒問。

女子：「這場演講很棒，我好喜歡，這些年來我可是聽過很多演講的！」

我：「謝謝！妳怎麼會來參加這場研討會呢？」

女子：「我老闆每年都派我來。我是奧勒岡州一家小廣告公司的業務企劃，他喜歡緊跟市場趨勢。我得說我喜歡這次出差，芝加哥是個很棒的城市。」

如你所見，我沒有改多少，但後續整個對話都改變了。突然之間，這個人就變成了你會想繼續交談的人！我對這個新版「女子」有很多疑問，比方說，貴公司的重點業務是什麼？妳最喜歡芝加哥的哪一點？妳最期待活動中哪場演講？她對我的評論重點沒有改變，也沒有假裝自己很高興參加研討會，但她的回覆也沒有讓我開溜。

我們的目標，尤其在最初的對話中，是讓對方「想要」繼續和我們交談。光是詞彙選擇上的微小變化，就足以大大影響到對話之中，交流對象所感受到的受歡迎程度。

那麼，如何選擇能促進連結的詞彙呢？我們要有ESP！（譯註：ESP可以是超能力Extra Sensual Perception的縮寫，也是接下來有同理心Empathetic、直截了當Straightforward、正向Positive三個詞的首字縮寫。）

「真的假的？瑞秋，妳指望我要會通靈，才能溝通得更好嗎？」雖然有些超凡的能力可以在這部分幫助我們，但我不指望你懂讀心術。我所期望的是，你可以在選擇用詞上更有同理心、直截了當，以及正向。

開口前，停頓一秒來同理

正如你已經知道的，同理心是所有成功溝通的重要成分。在上一章，我們討論了同理心，也就是以對方需要的方式對待他們，以及我們要怎麼表現，才會符合我們想建立連結之人的狀態。而這裡的重點是，如何確定我們選擇的詞彙，對這段關係的發展最有幫助。如同之前所說，**我們越設身處地為對方著想，就越能建立起連結**。

想像一下，如果老闆傑森有想到凡妮莎會如何看待他的「我們得談談」，結果會怎麼樣呢？他尤其過分的是，大眾看待「我們得談談」這句話，普遍會覺得是「壞事」，至少通常都是這樣。如果他考慮過凡妮莎的反應，就會意識到，收到這種訊息的人可能會很焦慮或擔心。除非他是在搞心理戰，否則在溝通時多花個兩秒思考一下，凡妮莎就不會有那麼大的壓力了。

你可能會想，這有什麼大不了的？結果一切都很好啊。你說的對，結果是凡妮莎升遷了。然而，簡訊造成的創傷後症候群仍然存在，在那之後的幾個月裡，每當她看到老闆的名字出現在螢幕上，她都會畏縮。既然只要花個兩秒就能避免傷害，為什麼要冒險改變一段關係的穩固程度？在所有人際關係中，我們的目標都是要鞏固這段關係。

為了當一個有同理心的溝通者，我們得在說話或傳訊息之前深呼吸並思考一下。如果是傳訊息和電子郵件，我們還有時間評估使用的文字，並確認它們能夠表明我們的意圖。若是面對面溝通，這就有點棘手了，要是你每回一句話都要先仔細思考兩分鐘，你的談話對象可能會感到困惑或疲憊不堪。

我們可以在匆忙之間依然當個有同理心的溝通者，但這需要練習。**在問問題或回答問題之前，試著稍微停頓一下，想想要怎麼說，然後說出來**。你越常練習在開口前暫緩個一秒鐘，越能習慣成自然。

我有個客戶說話之前從不思考。他名叫丹（Dan），總是「超級忙」，對員工都是用吼的，而不是好好交談。他真的覺得自己沒有時間停下來想一想再開口。

你有沒有見過這種人：好似隨時都很躁動，看起來就像喝了八杯濃縮咖啡一樣？你要怎麼讓這樣的人慢下來？以丹來說，慢下來的方法就是檢視他那高到離譜的員工流動率。由於員工流失，公司正在虧損，他開始懷疑自己就是原因所在。

「你的目標是什麼？」我一邊問他，一邊喝著特濃拿鐵，即使如此也不會讓我有這傢伙的十分之一急躁。「增加利潤和提高效率。這些案子花的時間太長了。」我們的挑戰在於，他公司的事務需要創意，他的團隊比較傾向藝術性質，而不是數字導向。他卻一直在對他們大喊大叫，要求他們加快一個他們認為很神聖的創作過程。

所以我問：「你以前也是個設計師。如果有人衝著你大吼，叫你加快進度，你會有什麼感覺？」

他的回答是：「我會很不爽。」

我告訴他，他可以要求他們這麼做，但必須採取不同的方法。他得**在說話之前考慮自己的話語會造成什麼結果**，並選擇能夠鼓勵團隊、尊重藝術創作的言詞，同時讓他們意識到，藝術與商業之間需要達到一個平衡。這需要練習，但即使是在發脾氣前先深呼吸一下，也能對他的遣詞用字產生莫大影響。

丹開始使用這樣的措辭：「我了解你這樣做的理念，這非常棒。不過我們得想想如何準時交出圖檔。我們要怎麼樣才能做到呢？」如此藉由提出問題而不是大吼大叫，讓團隊接受了他的解決方案。他還是會因為咖啡因的能量而急躁，但他深呼吸的次數變多了。

說話、打字、寫東西之前，務必三思。

問問自己：「我應該選擇哪些詞彙來傳達訊息，對這段關係才最有利？」多練習就能接近完美（說接近，是因為完美根本不存在）。

措辭直接，又不失尊重

在選擇用詞上，應該盡量直截了當。當然，有時候你可以忸怩作態或拐彎暗示，但我們大可把那些留待天黑後的調情。**在決定用字遣詞時，我們的目標應該是要把訊息清楚傳達出去。**

你可能已經很清楚四種基本的溝通方式：消極型、攻擊型、以退為進型，以及自信堅定型。為了直截了當的溝通，我們的目標應該是盡可能保持自信肯定。讓我們以「請室友買披薩回家」為例，觀察這四種風格在詞彙選擇上的差異。

一個消極的溝通者總是重視他人的需求，卻犧牲自己的需要，他們不會為自己辯護，而且也經常被忽視。消極溝通者請室友買披薩回家的用詞就像這樣：

「方便的話，如果你能帶一份披薩回家就太好了。但要是你沒辦法，我可以去買。好啦，沒關係，我去買好了，我會買回家。」

扭扭捏捏。我不知道你怎麼想，但光是讀它就讓我覺得不舒服。那個人的自尊心可能不太高，而且正在創造一種讓對方不重視自己的關係。

攻擊型的溝通者與消極型的正好相反，自己的需求才是最重要的，他們不尊重人、強勢，還有點霸道。如果有人以攻擊型的方式要披薩，會這樣說：

「我不管你手邊有什麼事，反正你最好在回家的路上買個披薩。我已經餓了。你最好別太晚，回來時披薩還是熱的更好。」

同樣讓人不舒服！如果對方聽到帶有攻擊性的詞彙，就會立刻處於守勢。這些都不是適合建立關係的詞彙。

而以退為進型的溝通者很獨特，他們表面上看起來很消極，但是會話中帶刺來表達無法直接說出的沮喪。下面是他們要披薩的方式：

「如果你今天能帶個披薩回家就太好了。你可能不會這樣做，但如果我不必總是替你出飯錢，那就太好了。」

就是這樣帶刺。他們顯然有話要說、有冤屈要發洩，但他們寧願讓對方有罪惡感。

最後，是自信堅定型的溝通者，這種人是我們的黃金標準。自信堅定的溝通者會說出自己的需求，但也看到他人的需要。**他們會要求自己想要的東西，並以一種尊重且自信的方式表達自己的觀點**。這是他們要披薩的方式：

「嘿！你能在回家途中買個披薩嗎？我會出我那一半的錢。謝謝你！」

簡潔清晰、沒有命令感，且給人尊重又直截了當。

直截了當的方式，對所有對話都有好處，清晰的溝通可以讓對方保持開放的對話心態。從前面披薩的例子你可以看到，其他類型會導致訊息接受者對這個人和這段對話產生負面的感覺。光是改變用字遣詞，就可能引起防備心，以及不受尊重、憤怒和挫折的感覺。這些都無法讓人產生親和力。

花點時間回想一下你最常用的說話或寫作風格，你甚至可以滑一下你發的訊息和電子郵件。你的措辭方式會因為你們的關係而不同嗎？也許面對老闆時，你會比較消極；也許你有一個糟糕的前任，你對他很有攻擊性；而有的時候，面對母親的以退為進傾向，你會用自己的刺去回擊。再怎麼說，我們都是人。那麼，要怎樣才能在所有溝通中，表現得更有自信和直接呢？

換句正面的話說

「關於積極正面，妳不是已經寫了一整章嗎？我真的需要更多嗎？」沒錯！我們通常都可以用更正面的詞彙，來表達本質上相同的東西，如此便能產生很大的差異。選擇負面的詞彙，是我們關閉連結之門的另一種方式，而當我們選擇正面的詞彙時，它會讓對話（和關係）繼續下去。在談話中使用正面的詞彙，會讓我們更容易親近。

每一次對話，都有機會創造一種更正向的語言體驗。下頁表格列出了工作和社交場合中常用的對話短句。首先，把所有負面句子讀一遍。我不知道你怎麼想，但沒有一句會讓我覺得：「你絕對是我想要聊更多的人！」然後，讀一下這些句子的正面表達法。**你可以在沒有負面情緒影響的情況下，表達出同樣的意思。**

還記得你從第五章開始寫的負面日記嗎？也就是追蹤你的負面想法，再將它們轉化為正面陳述。當你開始意識到那些想法並加以扭轉，你可能已經看到負面思維模式減少了。可以把這個部分看作那本日記的真人實作版，這次我們要辨識的，不是大腦裡循環的想法，而是從我們嘴裡說出的話。

負面句子	正面句子
你什麼時候到？	好期待見到你，你預計何時抵達呢？
我不行。	我希望我可以。
你到底有什麼毛病？	你還好嗎？
你那個做完了嗎？	那個何時能完成呢？
不要那樣做。	我們試試這樣做吧。
我的老闆是個混蛋。	我的老闆很挑戰人。
我壓力超大。	我手邊很多事情，但在我的掌控中。
你不懂嗎？	讓我知道你是否理解了。
我想我可以去。	我很樂意去。

- **第一步**：留意自己說出的話。
- **第二步**：當你說出不必要的負面詞彙時，將它們找出來。
- **第三步**：選擇正面的替代詞彙。

這和日記練習一樣，也需要一些時間來改變，尤其是你總喜歡叫你老闆混蛋的時候。這終將成為一種習慣，不但能使你成為一個更有親和力的人，也能支撐著你成為一個更加正向的人。

注意用字遣詞，關係成敗都看它

詞彙是很強大的。我們經常聽到：「就只是說說，又不會少一塊肉。」但你若試著請別人回憶某人光靠言詞就給人殘忍或不和善的感覺，一定會發現，**他們不但記得那些字眼，還能記得當時他們在哪裡、穿著如何。**

我們的話語有激勵、連結和領導的力量，也同樣有毀滅的力量。選擇更有同理心、更直截了當、更正面的用詞，將改善你一生中的每一次對話。

做做看！

行動

你欣賞的領導者是誰？聽聽他們使用的詞彙，他們如何表達？

你要如何以更有同理心的方式來表達？

如何以更直截了當的方式來表達？

如何以更正面的方式來表達？

心態

我有覺察到自己使用的詞彙。

第九章　花點時間想想，什麼能讓你真正的快樂

你有沒有注意到，有些人就是格外亮眼？他們似乎特別出眾，光芒也比較耀眼，而他們的熱情和自信使他們有一種吸引力，你會想要待在他所在之處，買他們賣的東西，聽他們所說的話，因為他們就是有些部分非常不一樣。

花一點時間，列出你欣賞而「追蹤」的那些人，不光是社群媒體上的，特別是現實生活中的人。這些人通常讓你覺得有趣、有魅力、自然會被他吸引。其中有沒有一些老闆，不管他在哪家公司，你都願意替他工作？有沒有一個你真的很欣賞的朋友？也許有個很吸引你的同事？現在想一想，是什麼吸引了你。我敢打賭，你迷戀的不是他們開的車或完美自拍，而是他們這個人本質裡的一些東西。

他們的火花吸引了你，他們的光芒如此明亮，你就像蟲子被吸引到捕蚊燈前一樣，只不過沒有電擊、死亡和可怕的清理工作。

這些人有一個讓他們閃耀的目標、一個早晨從床上一躍而起的理由，並對生

活和其中一切感到興奮。他們知道自己的下一步。

我們可以建立連結、溝通，下一步呢？

你得到了這份工作，下一步呢？

你交了這麼多朋友，下一步呢？

你建立了一個人際網絡，下一步呢？

我們的下一步，是驅動每一次互動的內在光芒。就算沒有它，你也絕對可以溝通、連結得很好，一樣能夠讓人有所共鳴，但只有當你找到那股激勵自己的能量時，你才會變得更耀眼、更有吸引力、更成功，因為這時人們才會看到你的心。

我想幫助人們建立連結的起點

十二年前，我和我當時的先生坐在沙發上，正在討論一個想法，我們兩人一直都很有創造力和創業精神。

他總是在思考做事的更好方法，從他十幾歲開始，就試著為加熱方向盤申請專利，當時那種東西還不普及；到我們離婚之後，他也還在草擬一個烤肉串製造機的計畫。而我是從國小三年級開始，就著迷於做生意。當其他孩子都在擺檸檬水小攤子的時候，我在父母的車道尾端開了一家麵包店兼便利商店，店名叫 Candy+（因為我賣糖果和其他東西，這命名滿有創意的吧），由我媽去買貨、烤所有餅乾，我則收下全部利潤。我真的經營得有模有樣。

對我們來說，創意發想是夫妻間的日常，然後我身為律師，會在 Google 或專利搜索後，粉碎我們的夢想。不過，這一次的想法很有意思，而且站得住腳。我們從我們的初識聊起。那一天我和父母出去吃午餐，他透過女服務生遞了一張紙條給我。這個舉動既甜蜜又大膽，而且奏效了。那時是二〇〇四年，還沒有交友 App，儘管交友網站 Match 已經存在了快九年，但人們對網路交友仍有許多疑慮，如果一對情侶透過網站認識，當別人問起他們怎麼認識的，他們就會說謊。

我們聊到單身的人有多常害怕被拒絕，或是害怕把自己的電話號碼給陌生人，因而錯失了機會，無法與他們覺得有吸引力的人建立連結。陌生人的危險依然是很大的問題，當時我們還不會醉醺醺的跳上用 App 叫來的陌生車輛。那些期待偶然相遇的人，唯一的機會是分類廣告列表中的個人廣告「錯失連結」（Missed Connections），那裡會有人認真的貼出短文，尋找他們在商店裡或地鐵上看到的、很吸引他們的人，但成功的可能性很低。

我們兩人開始討論如何製作約會卡片，讓單身人士避免錯過這些機會。買家會拿到一副卡片，上面印著有趣的調情字句，他們可以把卡片發給任何他們有興趣的對象，如果彼此都有好感，可以透過網路聯繫，直到雙方都覺得自在為止，不需要立即交換個人資訊。

在和幾位值得信賴的對象（也就是聰明的成功人士）討論了這個想法之後，我們發現這個產品真的有潛力。接下來的兩年時間，我們籌集投資資金（超過一百三十萬美元），建立產品和技術基礎設施，制定產品推出計畫，並且申請專利。這個過程非常令人振奮。我清楚記得我整夜沒睡，抱著剛出生的女兒，搖椅就放在我的 iMac 旁邊；她依偎在我的一邊手臂裡睡覺，我只好單手工作。

我們成功推出了這項產品。這個想法讓我們登上《紐約時報》時尚新聞（*Style - The New York Times*）的頭版、《華爾街日報》（*The Wall Street Journal*），以及紐約市幾乎所有的地方電視臺。我們甚至接到了歐普拉的電話！好啦，是她的團隊打給我的，雖然最後沒上這個節目，但我代表公司出現在許多媒體上。我上的節目越多，他們就越常找我上節目。製作人說我在鏡頭前的口條很好，並問我對約會和調情有什麼意見和建議。此外我有什麼意見嗎？當然沒有！我可以在攝影棚獲得免費妝髮，上一個關於各種約會話題的節目，並且替公司宣傳，這是雙贏的局面。儘管媒體的報導非常轟動，產品銷量卻很慘澹。事實上，說慘澹還算客氣了，根本沒有銷量。

一年後，由於銷量不佳，我們將品牌徹底重塑並重新發行，之後一位《創業鯊魚幫》（*Shark Tank*，按：美國競賽類節目，鯊魚指的是節目中的資深創業家和投資人，他們會考驗前來的創業家，並決定是否投資）的行銷大師找上了我們。他喜歡網站和卡片的新外觀，變得酷多了。我們都認為這個理念仍具重要意義，因為那時還沒有應用程式占領市場。我們知道東西賣不出去，但增長的潛力依舊存在。

為了挽救這家公司，行銷大師認為我必須成為公司的代言人，努力成為公司的「品牌」。他對名人代言的影響力很有信心，相信如果我建立起品牌，就會帶動公司成功。他想讓我成為一個「調情專家」，這個詞彙和頭銜都是他想的，不是我！

那時，我是經營著一家約會公司的律師……實際上是一家剛起步的約會公司，沒有銷量，而且面臨著迫在眉睫的失敗風險。我滿腦子想的都是「如果我這麼做了，就沒有回頭路了」。陪審團可能會質疑我怎麼進入約會行業的。如果成為調情專家呢？你上網搜尋過「調情專家」嗎？只要快速瀏覽一下熱門搜索結果，就能輕易戳破假象，要是這條路行不通，那我的律師生涯就徹底結束了。

財務方面也很危險。我們把所有資金都花在開發和行銷上了，這些年來甚至沒有拿過薪水，於是我們自籌資金、跟人借錢，還懇求我媽讓我們用她的名義開一張信用卡，因為我們自己已經沒額度了。如果一直這樣下去，我不僅會失去重回法律界的機會，我們還將終生負債。但我們還是做了。我仍然認為這個點子可行，而且說真的，我們還有什麼選擇呢？退出嗎？不，除非逼不得已。

即使我們如此努力，生意還是失敗了。那時是二〇一二年，一家名叫 Tinder 的小公司發明了「滑動」功能，交友領域似乎一夜之間發生了變化。突然，我們就像木頭輪子一樣過時了。現在有了一種不用費什麼力氣就能與人見面的新方法，當大家可以免費下載應用程式時，誰還會想要花錢購買交友卡片。

我因而陷入絕望，生活跟著崩潰。不只是公司，我們的婚姻也陷入困境。三十二歲時，我從律師變成了調情專家，獨自撫養兩個孩子，並且需要一份工作。

然而，奇怪的事情發生了。那些看／聽／讀過我訪問的人不斷傳來請求，希望我擔任他們的「教練」。當時我完全不知道「教練」是做什麼的，唯一知道的教練和體育有關，而正如大家都知道的，我絕對沒辦法擔任體育教練。不過我開始和人們談話，和那些痛苦的人、沮喪的人、在尋求指導的人、需要幫助的人談話。

於是，我成為了一名教練，一名催眠治療師，深入研究人際關係（現在仍在學習）。我開始和人們合作，涵蓋項目從他們的調情技巧到人際關係，再到工作目標。我們會從談論調情和約會開始，並意識到，這一切遠比不知道要對他們感興趣的人說什麼，還要深入得多。我的指導絕對不只是幫助他們約會，我是在幫助他們找到阻礙幸福的因素，然後幫助他們變快樂。

而我也變得很快樂。

當然，我很希望有一間科技新創公司，為自己和我們的投資者們賺到數百萬美元，而且我或多或少將永遠為那次失敗感到心碎。不過，那段痛苦的經歷讓我意識到，透過幫助別人，我的心又充實了。

回顧過去，我認為我的整個職業生涯是一條軌跡，也是一張交織在一起的經驗網。我成了一名律師，幫忙這個世界更公平；成為一個創業者，幫助人們建立連結；成為一名教練，指導人們應對挑戰。而現在，我演講和寫下有關親和力的內容，因為連結依然是每個人都渴望得到的。

我幫助人們建立連結，而且知道我是誰，也知道我的意圖。我以前都沒有意識到這些，一路上遇到很多困難，但現在呢？我擁有這些意識，並且展現出來。你可以透過溝通來與人建立連結，但是「激勵」可以讓一切更上一層樓。

我們要激勵人們與我們連結，並讓他們希望保持這樣的連結。因此，讓我們想想你的下一步。想想看，你究竟為什麼讀這本書？親和力在你的生活中有什麼作用？何處是你的熱情所在？這些問題的答案，就是你的下一步。而**你的下一步，就是能夠驅使你、讓你發光的東西**。

如果沒有自己的目標怎麼辦？

你可能會想，「我不知道我的下一步是什麼」。有一次我在一個為高等教育專業人士舉辦的研討會中演講，內容就和務必了解並接受你的下一步有關。

在演講時，我發現觀眾群中有幾人滿臉驚恐，於是我停下來，問其中一名女性：「妳為什麼會露出那麼恐怖的表情呢？」她回答：「我一輩子都是在無意識中度過，完全不知該從何找起。我完蛋了。」

不管我們的年齡多大，生命中大部分時間，通常都是在無意識狀態、慣性中度過。我們追求「應該」做的事情，漫無目的的跟隨領導者，且完全沒有意識到這一點，直到五年、十年、二十年後才清醒過來，想著：難道這一切就是我要的嗎？

以我的客戶露娜（Luna）為例。她聰明伶俐，人美心美，但才二十六歲就感覺筋疲力盡了。她之所以來找我，是因為她年紀輕輕就有中年危機的症狀（她在各方面都領先他人，顯然她的一切都提早發生了），而且她已經準備從醫學院退學。

「我真的做不到。我好痛苦。我的壓力隨時都很大，導致我沒辦法睡覺，還一直掉頭髮。」露娜繼續解釋說，她是家族移民到美國之後的第一代，父母給了她巨大的壓力，要她在一些他們覺得自己無法做到的方面獲得成功。

「妳覺得自己的壓力為什麼會這麼大？」我問。

「因為我必須是最優秀的。」露娜讓我想起了另一個客戶，蜜雪兒。（還記得這位無法接受自己在一群聰明人當中顯得平庸的律師嗎？）我開始覺得我的客戶好像有種特別的「類型」。

「妳真的想當醫生嗎？」她長嘆一聲，明顯害怕這個問題，尤其是因為回答時，她必須自省。「我不知道，我以前以為自己想。」她的雙眼開始充滿淚水。

我請露娜花點時間好好想一下，當初為什麼決定讀醫學院，事情又是從哪裡開始產生變化。我也請她寫一封信給更年輕時的自己，建議那個她應該如何對待自己的人生。兩週後，我收到了露娜的電子郵件，附加檔案是她寫給過去自己的信。

親愛的露娜：

我希望妳享受大學二年級的每一分鐘！這是探索自己想成為什麼樣的人的絕佳時機！享受和朋友在一起的每一刻，不用那麼認真看待課業——在沒有壓力的情況下，妳也可以拿到A。而且坦白說，拿B或C也沒有關係，那不會是世界末日——就算爸爸認為是。

我知道爸媽給了妳很多壓力，實在很令人沮喪，但這是因為他們從未有過這樣的機會。他們想給妳最好的，但他們也被妳所能做到的程度震撼了，因此他們只想不斷把妳推得更高。妳必須老實跟他們說，他們給的壓力弊大於利，妳給自己的壓力已經夠了。妳還要讓他們知道，他們可以在不傷害妳的情況下愛妳——即使他們的傷害並非故意。

明年妳會有好幾個實習機會，不要看名氣最大的那間就直接選了，妳討厭實驗室和研究。雖然妳知道父母認為妳應該專注於「找到治癒癌症的方法」，但妳也知道那不是妳的熱情所在。去診所工作吧，雖然這不會給父母很多吹噓的機會，但妳在與病患互動的每一分鐘，都會受到激勵，想知道醫學還可以做什麼。如果妳接受實驗室的工作，妳會非常痛苦。相信我。

我真希望在妳這個年紀，我就能把我的熱情和父母的動機區分開來。我希望帶著愛為自己挺身而出，讓他們知道我的夢想和他們的一樣美好。也許我還有機會。

愛妳的

妳。或我。或我們？

PS：不要和亞當（Adam）約會。他是個混蛋，妳知道的。

「我想當醫生，但不是他們希望我成為的那種醫生。」寄出那封信後，露娜在接下來的面談時說：「我喜歡醫學的力量，我想成為一名治療師。我父母希望我找到治癒癌症的方法，但我只想幫助人們。」

露娜知道她的下一步，但是，她讓外部壓力阻礙了她；她知道她的下一步，但她差點放棄了實現的道路，因為她無法將下一步與「應該做的事」分開。我們的「應該」，就是我們（或別人）認為我們應該做的事情。例如身為成年人，我不應該再午睡了；我媽媽認為我應該多寫點東西；露娜認為她應該重視父母對她人生的看法，更甚於自己的夢想。**這些所謂的應該，不一定跟我們想要做的事情、或我們靈魂深處感覺正確的事情一致**。

露娜和我花了一些時間討論她需要做的改變，包括外在和內在的，以收回她的人生道路所有權。隨著她從醫學院畢業並開始住院實習，我們為她的生活制定了一個平衡計畫，討論她要如何帶著愛與堅定，和她的父母建立一道界線。最重要的是，我們開始重寫她腦中的劇本，把她自己的志向看得比什麼都重要，每一步都擁抱著她下一步想做的事。

五年之後，露娜成了一間兒童診所的醫生，這間診所特別幫忙中低階層的患者，而她過得快樂又充實。她的父母可能仍希望她選擇更受尊重（更有知名度）的道路，但他們已懂得支持她的決定，並為此感到非常自豪。她**成功的避免活到五十**

歲才清醒過來，發現自己活在別人的夢想中。

五個問題，找到你的下一步

你這一生的目標，不是你要去尋找的東西，而是你創造的東西、你選擇的東西。有很多方法可以發現是什麼讓我們神采奕奕。我的目標之路很曲折（而且非常花錢），露娜的則是隱藏在外在影響之下，但它們一直都在那裡。即使經常被忽視，但那種需要被傾聽的直覺一直都存在。

花點時間想想什麼能讓「你」快樂——不是你父母，不是你朋友，甚至不是你的銀行帳戶。在我的人生中，我遇過一些非常有錢的人，但他們完全沒有東西能激發他們的光彩，因此也非常無趣。我經常在結束跟他們的對話後，思考著他們是否認為金錢和物質就是人生的全部。我並不是指金錢沒有幫助，也不是說財務安全不能拿來鼓舞夢想。這個世界上有很多人都看重自己的財務狀況，但我的問題是：什麼東西在推動這樣的行徑？

這裡有一些問題，可以幫助你開始察覺激勵你的事物：

- **你願意為了什麼努力付出？**你接受某樣容易取得的事物，和你努力爭取某樣事物，兩者之間的差異在於你其實不需要犧牲的狀況下，你是否願意為之犧牲。
- **你想成為什麼樣的人？**也許你還沒準備好定義你的人生目標，也許你的下一步就是弄清楚你想成為什麼樣的人。
- **十歲時的你，會對你的人生和選擇說什麼？**童年時期的我們可是非常睿智的。針對現在5.0版本的你，向過去1.0版本的你尋求一些意見吧。
- **什麼讓你感到害怕（有益的那種）？**我對蜘蛛的恐懼和對失敗的恐懼有所不同。人生就是關乎抓住機會，機會越大，要跨出的那步就越可怕。
- **如果你明天就要死了，有什麼事情讓你後悔嗎？**我知道這很病態，但這有助於我們看清真正的重點。

重點是，**你的下一步是可以改變的。**我能聽到你們在說：「什麼？在做了這麼多內省之後?!」是的，隨著成長和發展，對我們而言最重要的、能激勵我們的事情，有可能改變。生命中的不同時期，會產生不同版本的自己。等到露娜在診所工作了二十年後，她也可能會變，想要幫助和治療更多人的願望，或許會轉變為需要更多時間陪家人。在你未來的旅程中，必然還會發生許多事件讓你反問自己：「我的下一步是什麼？」相信你的旅程吧。

激勵著你的目標，也激發你的光芒

在一本關於建立人際關係的書中，有整整一章在討論尋找人生目標這樣深奧的事情，似乎有些奇怪。你可能還在懷疑，這個看似難以捉摸的概念，對於減少社交焦慮到底有什麼幫助，以及你該如何將你的下一步，融入到你想要達成的目標——親和力。這是一切的祕密武器。

那些知道什麼對自己真正重要的人，在每次互動中都跟別人不一樣；知道自己想在這個世界上做到什麼的人，會比別人更突出一些；知道自己的下一步是什麼的人，就是比別人更耀眼。

這並不是說你必須在每次對話時談論**你的目標，它就是單純的存在著，並讓你更有吸引力。**

做做看！

行動

我的下一步是什麼？是想成為什麼樣的人，還是給人生目標下定義？

我該怎麼做，才能培養我的下一步？

心態

我的下一步是________，它激勵了我的每一次互動。

PART. 3

關於人際關係的斷捨離

第十章　人太好並不好，不要期望人人都喜歡你

「真的很對不起。」

「艾莉希絲（Alexis），妳為什麼要道歉？」

「我一直在瞎扯，說的話好像沒什麼意義，而且我覺得自己抱怨太多了。」

「呃，艾莉希絲，妳付錢請我聽妳說話，妳完全可以決定自己想說什麼和怎麼說。我問妳這個假期發生了什麼事，妳只是在回答我而已啊。」

「我知道，但是，唉，我只是覺得自己一直在牢騷。我很抱歉。」

「天哪，別再道歉了！」

「好的，對不起。」

「噢，艾莉希絲。」

艾莉希絲是個三十一歲的新手媽媽、新手太太，最近剛當上一間中型公關公司的經理。在她的生活中，幾乎每件事都很陌生，除了她那非常古老且根深柢固的習慣——**為不是她的錯的事情道歉**。即使在電話裡，我也能感覺出她在道歉一次之

後，馬上又要道歉了，好像她真的認為自己不是最好的客戶而感到不好意思。就像她覺得自己必須成為最好的太太一樣，還有最好的媽媽、最好的朋友、最好的員工、最好的……一切。

艾莉希絲就是典型的取悅他人者。她來找我幫忙，是因為她壓力很大，想要把所有人際關係都維繫得很好，包括她的伴侶海瑟（Heather）、老闆，和她兒子布拉克斯頓（Braxton）。她實在太過焦慮，導致她本就瘦小的身軀在什麼也沒做的狀況下掉了快五公斤，不但睡不著覺，還開始心悸。除了心理影響外，那些壓力也大大影響了她的身體。

我們第一次聯繫時，我問她：「妳為什麼會來找我呢？」她回答：「噢，我只是想成為一個更好的人。」即使當她感到難以承受的壓力，她也堅信只要自己「更好」，那麼一切都會變得……更好。

「告訴我妳標準的一天行程吧。」

「嗯，我早上四點半起床，這樣我兒子起床時，我就已經準備好了。他現在十八個月大，都起得很早，但我討厭他哭，因為他會吵醒海瑟。海瑟喜歡睡覺，所以我會比兒子早三十分鐘起床，然後在育嬰室裡喝咖啡。」

我問她：「那妳喜歡睡覺嗎？」

「當然，但她的工作比較辛苦，賺的錢也比較多，所以我想確保她能盡量多休息。」好的，第一件自我犧牲的事（後面還很多）。「然後，我準備每個人的早餐，收拾好布拉克斯頓當天的包包和食物，準備把他送去托兒所。我也喜歡幫海瑟做午餐，因為她比較喜歡我做的三明治，不喜歡她辦公室附近能找到的任何食物。之後，我在八點半左右把布拉克斯頓送到托兒所，然後去上班。」

「海瑟有沒有主動參與過早上這些例行工作？」我問。艾莉希絲早上九點之前的行程，我光用想的都覺得累壞了。

「有，但我不讓她做。雖然有時我會埋怨她做得太少，不過這是我自己想做的。我知道這很不合理。」

在平常的一天中，她剩下的時間也都這樣度過，到處多做很多事情。上班的時候，她從不吃午餐，甚至連休息的時間都沒有，整天埋首於電腦中。**艾莉希絲相信她做的工作越多，她就越有價值**。於是，她的同事們又給了她更多事做。

下午六點左右，她會去托兒所接布拉克斯頓，然後吃晚餐，替布拉克斯頓洗澡。海瑟晚上七點半到家，剩下的時間只夠哄孩子上床睡覺。「晚上不能和太太好好相處讓我感覺很糟糕，但到了晚上八點半，我已經筋疲力盡，自己先去睡覺了。我才這個年紀，卻覺得自己已經老了。」

「在一天當中，有哪些部分是妳自己可以控制的？妳能改變什麼？」

「我不知道。**如果我改變的話，其他人會對我很失望吧**。也許我只是需要更多咖啡。」

咖啡並不能解決艾莉希絲的問題。她太太海瑟覺得很受挫，就算她很感謝艾莉希絲所做的一切，但並不覺得犧牲有多好，她其實很想承擔更多的家庭責任。布拉克斯頓沒有和她們任何一方共度美好時光，雖然他當時只有十八個月大，但很快的，無論在潛意識或有意識下，他都會察覺到媽媽們的不快樂。

還有，艾莉希絲的老闆開始疑惑是否不該僱用她，因為根據她被指派的工作量，他以為她的工作效率一定超高，直到事情開始出差錯，她錯過了記者的截稿日期，給客戶的報告總是遲到，而且錯誤百出，她的工作岌岌可危。

「如果妳不做出改變的話，妳周圍就不會再有人可以對妳失望了，因為大家都跑光了。」

盲目討好，只會讓關係失衡

想要被喜歡的欲望會讓人感到消耗殆盡。我們會做出一些自認為會增加親和力和維持關係的選擇，但這些選擇是在犧牲我們自己的幸福和理智。就算感覺到一個響亮的「不」在身體裡迴盪，我們還是說了「好」。即使別人占我們便宜是我們自己的選擇，我們還是會覺得自己被貶低了。就算我們也不尊重自己，但感覺不被尊重時，我們還是會不開心。

人太好並不好。取悅他人，或稱為社會從眾行為（social conformity），對於艾莉希絲這種程度的人來說相當危險。為了融入而配合他人是有程度差別的，為了維持與岳母的關係而假裝喜歡她做的菜；為了避免衝突而摒棄自己所有觀點；為了證明自己的價值而承擔所有的責任，這些都完全不同。

而談到親和力時，討好他人就只是個障礙。那些與取悅者交往的人，可能會不再尊重對方，或者更糟的是，他們會可憐對方，因為他們知道可以任意欺負這些人。**任何想要在一段關係中尋求平衡的人**（比如艾莉希絲的伴侶），**都可能因為自己無法平等的幫助和愛對方，變得沮喪和憤怒**。這些關係都建立在虛假的基礎上，而正如我們已經知道的，虛假的基礎總是會崩潰的。你能為任何一段關係創造的最大價值，就是展現出最真實、最強大的自己。

你是否經常取悅他人？

我遇過一些人，他們明顯會討好他人，卻沒有意識到自己的這種傾向。他們知道自己總是不開心，但不知道原因。以下列表的內容並不詳盡，但如果你同意其中的一些跡象，你就得繼續閱讀這一章：

- 你覺得自己很難說「不」。
- 你答應了，但馬上就後悔了。
- 你經常感覺周圍的人不珍惜你。
- 你覺得你在乎的人，把你的付出視為理所當然。
- 你覺得你跟伴侶的關係不平等、不平衡。
- 比起自己，你更擔心別人的感受。

- 你為每一件事道歉，包括呼吸。
- 當你不想做某事時，你會感到內疚。
- 你希望自己對每個人來說都很重要。

到了某個時候，我們就不能再一直當好人，而要開始變得真實。真實讓我們得以在工作和家庭中，建立健康且可持續的關係。真實是一種判斷的基準，確定自己所建立的連結是基於真正的自我，而非虛假的。

以下三個步驟可以讓你不再討好他人：

1. **設定界線**。界線能保護我們的能量，並要求他人給予尊重。「不」就是一個完整的句子了，不需要多解釋。

2. **停頓一下**。不要再下意識做出反應了，因為從這一刻起，在回答別人之前，你將有片刻用以自我反省。

3. **練習接受**。是時候接受自己，接受你不可能讓所有人都開心的事實了。你又不是人人都愛的炸玉米餅。

設定界線，不是所有責任都要扛

「我不能說不」是我從以討好他人為目標的人那裡聽到最多的話。**他們承擔得太多，允許別人利用他們，而且害怕自己如果拒絕或設定界線，就沒有人會喜歡或愛他們。**問題是，如果他們無法說「不」，他們也不會被自己或被他人尊重。在很多情況下，取悅他人者會被占便宜，是因為他們「可以」被占便宜。

我的朋友伊娃（Eva）是世界級好人之一。如果你需要，伊娃會把她銀行帳戶裡的最後一分錢都給你，即使她自己要繳房租了。她總是支持著她的朋友、家人、認識的人，甚至是街上的陌生人（如果那個人那天過得很不順利）。

善良又美麗的伊娃也是個忠實的取悅者。她的老闆把工作全倒在她身上，就像垃圾車把垃圾倒進掩埋場一樣，她也一聲不吭的接下所有工作。她的家人處於口出惡言和控制的邊緣，但她仍竭盡所能的幫助他們。

我經常看到所謂的朋友利用她的地位，或是感情對象享受她的過度付出。缺乏界線影響了她的健康、快樂和幸福。她睡得不好、經常生病，每天都充滿焦慮。她知道自己需要改變，但如果她不堅持自己的立場，設定一些界線，開始偶爾堅定的拒絕，就什麼也改變不了。

記住，「不」本身就是一個完整的句子，不需要多解釋。

即使是最堅定的取悅者，也會察覺到有些事情不對勁，像伊娃就會說這類的話：「我知道我應該說不」或「他們叫我做○○○的時候，我立刻變得（更加）焦慮」。**當你已經到達極限，你的內心會有所感覺。困難之處在於承認這種感覺，然後採取行動**。

許多取悅者很難說出一個堅定的「不」字，至少一開始都是這樣。**如果你想慢慢的開始說「不」，試著說「不，但是……」**。例如：「這個週末你能幫我搬家嗎？」你可以這樣回答：「不，但是我知道分類廣告上有很好的人選可以幫助你，而且絕對不會謀殺你！」好吧，也許不用說到這樣，但你知道我的意思。

艾莉希絲的狀況就不太一樣了，因為她並非「被要求」承擔額外的責任，而是自己把事情堆在面前！然而，這並不表示她沒有界線問題。艾莉希絲的這種情況，需要**在自己可以接受的範圍內設定一道界線，並允許自己放棄其餘事情。她得根據自己的腦力、情緒和身體極限**，設定出界線，像重視身邊的人一樣重視自己。艾莉希絲的「不」必須是「不再」。

設定界線讓艾莉希絲可以卸下一些責任。為此，我們制定了一個要給海瑟看的計畫，幾週後，我們聊起這件事。

「我和海瑟談過了。我告訴她，雖然我認為我可以，而且我也想這麼做，但我一個人真的做不來。真奇怪，她居然鬆了一口氣！我們制定了分工的時間表，平日她會和布拉克斯頓一起起床，然後送他去托兒所，我再負責接他回家、吃飯和洗澡，因為她工作比較忙，會工作到很晚。」

「這麼做之後，對妳們兩人來說怎麼樣？」我問。

艾莉希絲的聲音滿是興奮：「太棒了。我得到了更充足的休息，因為我不需要天還沒亮就起床。而海瑟有更多時間和布拉克斯頓相處，她非常喜歡這樣。我們的關係更緊密了，因為感覺就像一個團隊。我真不敢相信我逃避了這麼久。」

家庭關係恢復平衡後，艾莉希絲轉向工作的部分。「這部分我真的搞砸了。海瑟是愛我的，對吧？但我老闆和同事可不必愛我。我覺得自己很失敗，他們可能會解僱我。」所幸艾莉希絲並沒有被解僱，但在和老闆說了事情的真相後，老闆擔心她不知道如何評估自己的極限。

「他很擔心我的工作表現，所以他設定了一個觀察期，我們將在九十天後重新評估。幸好他幫我拿掉了一些工作，讓我可以真正專心做好我該做的工作。」艾莉希絲意識到，在她不堪負荷的階段，造成了一定程度的傷害，但她有信心可以做得更好，因為她現在的工作量很適當。她後來哀嘆道：「真希望我早點處理這件事，我都不知道自己差一點點就要被這些事淹死了。」

當我們比較了解狀況時，就會做得比較好。

艾莉希絲有時還是會非常想要讓海瑟的生活輕鬆一點，這很合理，我們本來就會想照顧自己所愛的人！不過，現在的不同之處在於，她不管做什麼都會注意平衡。無論你是糾結於「不」還是「不再」，認知到設定界線的力量，都是很好的第一步。

界線可以保護我們的行動和能量。在某些情況下，你可能需要完全拒絕某些人。有些人就是帶著負能量，應該要完全隔離，下一章將會深入探討這部分。你的幸福、理智和健康彌足珍貴，應該好好珍惜。

你的生理和心理健康，值得你設定任何必要的界線來予以保護。試著想像一下，如果你掌握了主導權，你的世界會變成什麼樣子？你要如何在你的世界中開始實行界線？你值得受此保護。

停頓一下，以免濫好人成習慣

人是習慣性的動物。我每天早上起床刷完牙，仍處於半昏迷狀態，然後下樓，把一個杯子放到我的 Nespresso 咖啡機下（我已經上癮了），再準備食物跟水給我家的狗。每天早上都這樣，不管我處於什麼狀態，這是下意識的行為。

同樣的，許多取悅者，也都是不假思索就答應了。

如果你習慣討好他人一段時間了，那就得改掉這個習慣。你可能很自然的傾向接受，不會去質疑別人的請求。為了打破這個習慣，我們必須停頓一下，在這個停頓中問自己：「**我答應這件事是因為我想做，還是因為我認為我應該這樣做？**」當有人要求你做某件事時，給自己一點時間來審視一下。在你要求承擔更多工作責任之前，先等一下，簡單的反思「為什麼？」就可以產生巨大影響。

我請我的朋友伊娃在默默接受之前，試著按下暫停鍵。她練習暫停一週後告訴我：「這很難。我習慣了直接答應，然後才來後悔。但當老闆找我接手另一個案子時，我有停頓一下。我告訴他，我的工作量已經非常大了，但如果事情沒有很緊急，我可以在重要工作告一段落後再處理。我覺得他有點吃驚，但最後他跟我說，只要專注於我手邊的工作就好！感覺很奇怪，但是很棒。」

不假思索的說「好」，會在你反覆這樣做之後變成一種習慣；同樣的，在回答之前先停頓一下，也需要不斷練習，才能習慣成自然。如果你覺得你必須說些什麼，「也許」、「讓我考慮一下」或「我再答覆你」，都是非常好用的拖延之詞。

在別人要求你某些事情時，稍作停頓來評估一下情況，並做出一個讓自己感覺舒服的決定，這並沒有壞處，因為你知道如果不這樣做，你的內心感覺和焦慮程度會如何。

練習接受，人人都有極限

接受有兩方面，我們既要接受自己的極限，也要接受當我們改變討好他人的行徑時，會產生的不適。

「我還是很希望自己能處理好一切。」在這種重大人生轉變持續了幾個月之後，艾莉希絲仍在與自己的「接受挑戰」奮鬥。我向她保證，有這種感覺完全正常。「重要的是，妳要知道自己無法處理完所有事情，沒有人能做到的！妳試圖承擔巨大的勞動量，但這並無法持續下去。」

我們只是人類（至少我是），在情緒和生理方面的處理能力有限。我去健身房的時候，我很清楚我不能舉一百多公斤的槓鈴，也不能五分鐘跑完將近兩公里；我可以試試，但我可能會喪命，或至少被送去做牽引治療。我會做到我的極限，但就到此為止，我希望取悅者也能夠這樣。但在照顧他人的時候，我們可能對自己的極限視而不見，如此便會承擔越來越多責任，直到在責任的沉重壓力下崩潰。

接受的意思是：「**我知道並接受自己的極限，這沒關係。**」

我們可能很難意識到自己的能力有個最大值，但要讓取悅他人者恢復正常，這個觀念至關重要。跟我念三次：

我知道並接受自己的極限，這沒關係。

我知道並接受自己的極限，這沒關係。

我知道並接受自己的極限，這沒關係。

同樣必須接受的是，在這個過程中會有不舒服之處。總會有人無法友善看待你的新力量，為什麼呢？因為他們過去從你的行徑中獲得好處。**你要接受有時候你會感覺不舒服，接受事情會變得有爭議，接受不是每個人都喜歡你的這些事實**，更要接受「你是很重要的」。

接受是一種練習，對你自己和眼前的情況都是如此。隨著時間累積和持續練習，接受會變得更容易，但請記得在這個過程中，要溫柔的對待自己。

人太好並不好

討好他人似乎無傷大雅，直到一切開始崩潰了，不只傷害到取悅者，也會危害他們的關係。這個習慣會使壓力和焦慮升高到危險程度，雖然我相信你超級強大，但每個人都有極限。設定界線，停頓一下，並練習接受，你討好別人的行徑就會隨著持續努力而改變。

除了這一章的步驟之外，我也鼓勵你重讀第三章和第四章，這兩章的主題是真實和自信，兩者都能幫助你重新掌握自己的力量，把自己放在第一位。

做做看！

行動

你生活中是否有一些關係需要更明確的界線？你可以設定什麼界線來保護自己？

在一整天當中，你可以怎樣安排，好把自己放在第一位？

為了改變討好他人的行徑，你必須接受什麼？

心態

我知道並接受自己的極限，並設定界線來保護它們。

第十一章　碰上有害關係，不如和他沒有關係

人際關係是我們最好的老師，幫助我們成長與進化。在我們接受的狀況下，人際關係會讓我們成為更好的人，並為我們的生活提供一定程度的滿足感，除非這段關係本身就有問題。

大多數關係都是應該要發生的，但並非每段關係都該走到天長地久。無論是在工作、私人生活還是感情方面，關係都有個有效期限，有些終止日來得比其他早。而在特殊情況下，你應該完全避開某些關係。

在這個世界上有一些人，你根本就不應該跟他們有關係或保持聯繫。有些人際關係不但不能提升你，反而會很有效的打擊你，那種人在每次談話時，都會吸乾你的能量，試圖讓你覺得自己有所不足或不重要。面對這種令人不愉快的關係時，你唯一要考慮的就是「自己」，然後離開。請相信我，這不是你的問題，是他們的問題。

明明是恐怖情人，我還替他找藉口

他為了我們的第一次約會，買了一輛新的賓士 E-Class。

我甚至不記得在那之前他開的是什麼車，但顯然那是升級的最佳時機。當時我二十五歲，就讀法律系，是個帶著四歲孩子的單親媽媽，住在我爸媽家裡；而他二十七歲，擔任財務顧問，是個帶著七歲孩子的單親爸爸。在我和爸媽一起吃午餐時，他透過女服務生遞了一張紙條給我，我們就是以這種非傳統的方式相遇（正如我在第九章提過的，這導致我們創立了一間公司）。

第一次談話後，我們感覺就像命中注定似的在一起了。我們很像，都是積極進取的單親父母，愛著自己的孩子和職業道路，但感到很孤單。

我們去了所有最好的餐廳。約會後不到一星期，他就把我的手機升級成最新款。再接下來的那星期，他送我一個我已經垂涎了一年，但遲遲沒有下手（也根本下不了手）的包包。每個星期，他都送我一束玫瑰花，讓我放在房間裡。我們很快就融入了彼此的日常生活，不知何時開始，如果不是他來我父母家吃晚餐，就是我和他出去。他每天都必須見到我，如果我難過，他也難過；如果我壓力很大，他也壓力很大。他的世界似乎圍著我轉，而我也很享受這個過程。

六週後，我們訂婚了。其實我也不會感到驚訝，因為我們第三次約會時，他就說他愛我。現在我回頭看，這一切都很瘋狂，但二十五歲時的我不怎麼自我肯定、沒有錢、要養孩子、非常渴望離開父母家，所以他給的一切簡直是天堂。畢竟，我的一切他都讚美有加，我們從不吵架，孩子們相處得很融洽，怎麼可能出什麼問題呢？

我們認識十個月後就結婚了，度蜜月的期間搬進了一棟漂亮的新房子，我感覺非常幸福快樂。

直到我不再快樂。

結婚兩個月後，我看到他完全不同的一面。他會無緣無故對我大吼大叫，用很難聽的字眼稱呼我，當我被激起反應時，他還會嘲笑我的情緒。如果我說我完全不知道他是這樣的人，那是騙人的。畢竟，我之前也見過他那種脾氣，還加上很強的嫉妒心。

比如有一次，他堅持要在大西洋城（Atlantic City，按：美國紐澤西州大西洋郡的一座度假城市）舉辦聯合單身派對，這樣他就能確保我沒有亂來。那天派對進行到一半就被他取消了，因為有個陌生人在跟我搭訕，而且他從賭場的另一頭看到了。這個「派對」讓我最好的朋友哭著回家，她為我感到害怕。

我當時認為他是保護過度，因為他太愛我了，所以無法忍受我被別人奪走。我覺得他是激烈熱情，根本不覺得他是控制狂，或是情感虐待。

這段婚姻維持了七年。我能說什麼呢？是我承諾投入的！不過情況變得越來越糟，越來越嚴重。這其中充滿了沉溺、精神疾病、憤怒和悲傷，而且是受盡折磨的痛苦，我比遇見他之前還孤單。我們的婚姻有公開的一面，也有不為人知的一面，沒人知道事情到底有多糟糕。

公道一點來說，他和我們的婚姻當中，確實有好的時候。我們非常愛我們的孩子，他將我的兒子視如己出，只差沒有法律文件。我們生了一個美麗的女兒，創立了一間讓我走到今天的公司。我們有過很多……東西，當時我什麼都有，我擁有的包包和鑽石比任何人需要的都多，還有非常多大西洋城賭場的代幣，作為那天損失數千美元以及在中午喝醉的道歉。

然後……對，雖然有好的東西，但它所帶來的負面效果是無法彌補的。

我試著接受心理治療、康復治療、干預活動，卻沒有任何效果。我記得在心理諮商時，我試圖整理我所有的悲傷和沮喪，告訴我的治療師說，有一本書的書名可以總結這一切：《好到不能離開，壞到不能留下》（*Too Good to Leave, Too Bad to Stay*）。她遞給我一本《每一天練習照顧自己》（*Codependent No More*）作為回應。我明白她的意思。所以我離開了。

如果以我現在的成熟和自我價值回頭看，我肯定會有不一樣的選擇。不過我並不後悔，因為有了我女兒，一切都是值得的。思及我現在與生命中摯愛的關係，那麼用如此痛苦的方式獲得這些知識，也是值得的。但即使這樣，我也不希望我走過的這條路發生在任何人身上。將情緒想成貨幣來說，我的人生課程非常昂貴。

危險信號真實存在，不能再忽視它們了。如果你不遠離有害的關係，它會殺死你的靈魂，但你是值得得到幸福和平靜的。

我曾經在一次演講中開玩笑說，人們可以合理化任何事情，為任何人找藉口，只要那個人有足夠的吸引力。「沒錯，他殺了二十個人，但你看他多可愛啊！你看到他的二頭肌了嗎？可能是砍人練來的，但他實在太迷人了！」**當我們非常想要某樣東西時，無論是一段關係、一份工作，還是一個朋友，我們的常識可能都會被蒙蔽。**

負能量滿滿，讓人生活在恐懼中

詹姆斯（James）也很擅長忽視危險信號。他對賺錢一直很感興趣，從七歲起，他每週都跟媽媽說自己會成為百萬富翁。他媽媽會微笑著點頭，環視他們簡樸的一房一廳公寓，不知道自己是不是讓他看了太多電視。九歲時，詹姆斯的牆上就貼著一輛法拉利、一棟豪宅，和一架私人飛機的照片，還掛著「富裕」、「錢」和「珠光寶氣」等字眼。

等他大學畢業並拿到財務金融學位，他不出任何人意料的直接去華爾街工作。一位教授介紹他去一家對沖基金公司，並警告道：「對於你夢寐以求的事物要當心。」詹姆斯嘲笑說，為了賺錢，他可以應付得了任何人、任何事。

他這種最基層職位的面試，是透過Skype進行的，面試官是一名較資深的員工，看起來還算正常，但有些心不在焉，而詹姆斯認為這是因為對方當時正在加州出差。由於他成績出色、有推薦信且抱負明確，他當場就被錄用了。

上班的第一天，他剛走進辦公室，就幾乎進入狂喜狀態。他可以聞到義大利皮革的味道，來自他快到手的新法拉利。他知道是時候衝刺了，且準備好要做任何事情，來達成他童年訂下的目標，而且絕不動搖。他深吸一口氣，露出微笑，覺得自己站在世界之巔。至少有一段時間是如此。

「詹姆斯，到我辦公室來，快點！現在他媽的不是在度假，工作時別給我睡覺，你這個懶鬼！」他還沒來得及脫下外套，他的新老闆史蒂夫（Steve）就開始對他大吼。

他聽過史蒂夫的事蹟，社交新聞網站 Reddit 和企業評論網站 Glassdoor 上有很多文章在罵這個傢伙，他惡名昭彰，但詹姆斯沒有應付不了的事，對吧？「我不管你認為接下來會怎樣。我其實一點也不在乎你。」史蒂夫咆哮著，同時把一疊研究資料和他的衣物乾洗單據都丟給詹姆斯。「公司只是暫時用你，你沒有休息的機會、沒有假期、沒有病假，不能生病、不能睡覺，你只要人出現，然後閉嘴做事，記住，乖乖聽話就對了。」

光是第一週，詹姆斯花在看別人在辦公桌上吸食古柯鹼的時間，就比他睡在床上的時間還多。見他拒絕參與，他同事笑著回應：「等著瞧吧。」此外，史蒂夫輪流訓斥所有員工，看似毫無理由的輪著罵，尤其容易輪到詹姆斯。他有預想到一天的工時會很長，但員工手冊上可沒提到每天要工作十八小時。同事們甚至有一半的時間都懶得回家，他們就只在自己的辦公桌上，以二十分鐘為單位小睡一下。難怪他們需要興奮劑。

詹姆斯認為，只要他能證明自己，向史蒂夫展現自己有多重要，對方的態度就會改變。他想，也許史蒂夫是試著用一種自我成長書中沒教過的方式來激勵團隊。他否認史蒂夫的行為形同施虐，也不承認這種虐待正在摧毀他。

到了第四個月，詹姆斯時時刻刻都在補充咖啡因，並說服醫生說他有注意力不足過動症，以取得處方藥阿德拉（Adderall，按：主成分為安非他命的中樞神經興奮劑）。

他第一天來上班時的興奮之情，隨著每天早上穿過辦公室的旋轉門，已經逐漸轉變成恐懼。他的心臟一直怪怪的，但他太忙了，也太害怕請假去檢查。每次史蒂夫大吼，他就開始畏懼退縮，準備迎接衝擊。他不只一次想在廁所裡哭，二十二歲的他焦慮、憂鬱、生活在恐懼之中。

負能量滿滿的關係並非看起來都一樣，形式有很多種。

它可以像詹姆斯忍受的職場關係一樣戲劇化，也可以像不斷暗中破壞你工作的同事，或者貶低你的每一個想法後，把這些想法據為己有的老闆一樣，稍微不那麼極端，但仍具有影響力。

有害的關係看起來就像個不斷索討、但又從不給予的朋友，或者背地裡散布謠言，在你面前又裝無辜的朋友。它們可能像我的第一次婚姻，或是那段讓你感覺很糟糕的感情，儘管你可能沒有意識到原因。

確認危險信號，遠離有害關係

有一些信號是非常閃亮明確的「快跑！」，就像虐待行為，但在有害的關係中，我們必須注意的行為往往更加微妙。**一開始你可能會認為這些行為合情合理，但隨著行為不斷累積，你就會意識到這是不對的**。值得注意的是，並不是每一種類型的關係，都有一樣的危險信號。像是詹姆斯的老闆不會限制他的穿著，但會以其他方式進行控制，比方說規定他在這行只能和誰來往。

讓我們來看看其中一些危險信號（注意，這並不是詳盡的列表，還差得遠了），以助你確定在深入來往之前，是否需要進一步審視這段關係。

●**他們總是批評或輕視你**。即使你知道自己做得很好，但在他們眼中你就是什麼也做不好。他們比較感興趣的是貶損你，而不是讚美你的成就。

●**一切老是圍繞著他們**。總是如此，在他們的生活中，沒有空間可以容納你和你說的話。他們實在太過專注於「我」，以至於你會懷疑他們是否知道你的任何事情，即使你已經認識他們很多年了。

●**他們試圖控制你**。他們決定所有事情，像是你要和誰相處、你要做什麼、你要穿什麼。你的自主權根本無關緊要。

●**他們不會和你溝通，也不理會你的情緒**。他們可以完全忽略你的想法和感受。沒有什麼「把事情說清楚」，只有他們的感受和你的沉默。

●**他們忽視你的界線，無論是身體上還是情緒上的**。你要求他們停止做某件事，但他們不會理你。你告訴他們有什麼事讓你很煩，他們就會繼續這樣做。

●**他們把一切都怪罪於你**。他們不會為不幸承擔責任，一切都是你的錯，永遠都是。

●**他們不信任你，而且毫無理由**。有時信任問題是有理由的，但就算你並沒有做錯什麼，他們也會讓你覺得你錯了。每次都是這樣。

● **你向自己或他人合理化他們的行為或言語**。他們做了或說了一些你知道是錯的事情，你卻在朋友、同事和所愛之人面前為他們辯解。

● **你周圍的每個人都問：「你確定嗎？」**一個人的意見就只是一個意見，但若有三人以上持相同觀點，這很可能就是事實。聽聽那些關心你的人怎麼說，尤其是當他們意見一致的時候。

● **你的直覺告訴你有些不對勁**。他們在相處過程中，可能沒有觸發這張清單上任何一個危險信號，但如果你的直覺告訴你有什麼不對勁，聽從直覺是很重要的。在與某人互動之後，我們知道自己的感受，如果感覺不對，那這段關係很可能就有問題。

在許多情況下，這些信號就像狼一樣成群結隊出現，它們緊緊挨著彼此，直到你不得不承認這段關係對你心理狀態所造成的傷害。因此，睜大眼睛看待生活中的人際關係，這非常重要。沒有人可以無條件通關，就算是有朝一日能買法拉利給你的人也一樣。

有時候，真的是別人的問題

來找我幫忙的人，是詹姆斯的媽媽。她在一個晨間節目上看到我談論自我照護，而她非常擔心兒子的情況。當時詹姆斯工作了九個月後，回家過復活節，只見這個媽媽努力撫養長大、送到外面世界的兒子，看起來只剩一個空殼。她描述了他深陷的黑眼圈，以及晚餐時對家裡每個人的憤怒。她回憶說，當所有人都迫不及待的想和他談論他在華爾街的好工作時，他只是迅速簡短的回答，讓他們接不下去。

我告訴她，如果詹姆斯願意的話，我可以和他談談。在求了他幾週之後，他終於妥協了。

我們第一次通話時，詹姆斯開頭就說：「我沒事。我媽就是很愛操心。」我回答：「我明白，我也是個母親，我時時刻刻都在擔心，但你不妨告訴我發生了什麼事。」在向他保證我不會在未經允許的情況下，跟他媽媽說任何事情之後，詹姆斯就把一切都說了出來，包括他老闆的謾罵、藥物、他瘋狂的工作量，噢對了，還有一次，史蒂夫威脅說如果他建議的股票暴跌，就要殺了他。他以為是在開玩笑，但實際上呢？他也不確定。

「你知道這是一段有害的關係吧？」

「呃，我跟我老闆可沒有什麼關係。」

「當然有，就像我們跟朋友、家人、同事的關係一樣。所謂關係，只是與另一個人的連結，而你的這段關係是有問題的。」

「我不能辭職。我有目標。有很多人在那邊待了一輩子，我可以做到的。」

詹姆斯的語氣，與我最初還不想離開那段婚姻時如出一轍。我很忠誠，而且做出了承諾，再加上我一直很有責任感，並且覺得離開是不對的，直到我意識到這段關係對我和孩子們造成了負面影響為止。

我回答：「如果你活不下去，那你永遠不可能實現目標。」

他知道自己這樣不只是蠟燭兩頭燒，根本是把自己整個人扔進焚化爐。經過幾個月的諮商，詹姆斯才覺得自己強壯到可以不去管那些事，而他也真的放下了。一年之後，他眼中的光芒又回來了，且找到一份分析師的工作。這份工作也許不會讓他在二十三歲時就成為百萬富翁，但總有一天，他也會擁有自己的法拉利，就算只是輛認證中古車。

在某些情況下，你很難直接走開，尤其當你深陷其中時。**人們很容易找藉口**

或合理化，直到再也無法否認事實。有時候，我們能夠在一開始就看出這段關係有害，並徹底迴避，但其他時候，我們就必須夠堅強並選擇考慮自己。

你值得擁有一個更健康的環境。你的健康和幸福很重要，你這個人也相當重要。如果你感覺不對勁、如果出現了危險信號、如果你受到了負面影響，那麼是時候選擇考慮你自己了。

一旦堅持的代價太大，務必斷捨離

這麼做未必容易，但絕對值得。帶著兩個年幼的孩子離婚，又身為一個沒有穩定收入的創業者，真的很可怕。雖有太多東西可能失去，而且要面對太多未知，不過離開是我做過最好的決定，我的世界變得無比平靜，孩子們也更快樂，甚至改善了我和前夫的關係（大多時候），因為彼此唯一關注的事情就是我們的孩子。有很多人看到我或詹姆斯的處境，可能會說：「堅持下去！」我都會回道：「要付出什麼代價？」

我們只有一條命，為什麼要以傷害自己的方式過活？請選擇考慮自己。

做做看！

行動

目前在你的生活中，是否有關係充斥著負能量？是誰？他們如何影響你？

你看到的危險信號是什麼？

你如何從生活中消除有害關係？

心態

我選擇考慮自己。

第十二章　怎麼提出批評，又不傷了和氣

我從沒見過誰有受虐傾向到真的很喜歡被批評。**雖然有建設性的批評是必要的，尤其是在工作環境中，但接受者往往會以負面心態看待。**我們會把批評當成是針對自己，感覺自己被批判了，然後變得有戒心。批評的任何助益，都可能被情緒淹沒，導致批評無法帶來幫助。

在你生命中的某個時刻，會被要求向某人提供批評意見，對象可能是朋友、同事、團隊成員或所愛之人。批評顯然是一個充滿地雷的領域，因此，遵循一個公式來保護你的親和力至關重要。**我們的目標是在給予意見後仍維持這段關係**，這就是為什麼我提出所謂的「批評的微笑曲線」（critical smile）。這種方式讓人在保持誠實的同時維繫連結。

批評的微笑曲線與「讚美三明治」（compliment sandwich）不同，讚美三明治是把批評夾在兩項讚美之間，比方說：「梅根（Megan），妳工作真的很認真！我

每天晚上六點以後都還能看到妳。不過，妳的報告中有很多錯誤，許多內容已經無法使用了。但是，我真的很感謝妳對團隊的奉獻。」

呃，什麼？我到底是做對還是做錯？我到底有沒有價值？我還保有我的工作嗎？這只會讓梅根產生一大堆問題。此外，**我們天生就比較注意開頭和結尾的訊息**，中間的句子就像排行中間的小孩一樣被忽略了。梅根甚至可能沒有接收到對工作的批評。

所以說，帶著批評的微笑吃掉讚美三明治吧，好好善用批評的微笑曲線，來取代讚美三明治。

批評的微笑曲線不僅不一樣，而且更有效。這個方法包括四個環節：

1. 從重點開始。
2. 深入討論這件事。
3. 以目標作結。
4. 做這一切時都帶著善意。

從重點開始，最能展現真誠

開啟對話時，不要試圖隱藏最重要的點。若要營造出尊重的氛圍，首先要明確說出這段談話的重點是什麼。讚美三明治讓人感覺很不真誠，是因為一開始先讚美，然後又批評對方，因此，**從重點說起，可以讓對方為可能出現的艱難對話做好心理準備**。這並不是一件壞事！

人生中，艱難、不知如何開口的對話無可避免，但如果我們保持警覺，就可以讓這樣的對話更有成效。

伊莎貝拉（Isabella）在一家行銷公司工作了五年，在接了一個新客戶後，她的團隊從兩人增加到六人，而她正在努力嘗試扮演「老闆」的角色。她的團隊中，有一半的人比她年長，另一半的人又冷冷的，伊莎貝拉堅信自己永遠不會受到尊重。

她與團隊的第一次會議簡直是場災難。客戶對他們的素材給出了非常明確的指示，而伊莎貝拉在將這些要求傳達給文案和平面設計時，已經交代得非常清楚了。問題是，她收到的成果根本不能交出去，不僅圖片看起來很不專業，文案又很乏味。於是，伊莎貝拉召集了相關負責人開會。

「所以，呃，你們真的很棒。你們也知道，我相信你們的直覺和才能。我很想知道你們在設計和寫這篇文案的時候，是怎麼想的。」

接著，文案和平面設計師分享了他們發想的過程。

「明白了。好吧，只是呢，這不是客戶想要的東西。一切都很好，但我們必須重做。」

呃，伊莎貝拉，妳這開場完全不行。現在妳的兩名員工，一、認為自己的作品得到稱讚；二、認為妳覺得他們做得很好（其實並不好）；三、在詳細說明了他們的做法和原因之後，現在完全受挫又很尷尬。

那麼，怎麼說會更有效呢？一句簡單的：「嘿，各位，這個作品沒有做出客戶想要的樣子，我們再看一遍需求和他們的任務。」這既不侮辱人，也不嚴厲，反而誠實又明確。這句話將使伊莎貝拉能夠引導她的團隊，進入批評微笑曲線的下個環節，讓他們準備好深入討論需要改變的地方。

以下提供一些方法，讓你可以在職場和私人場合中，清楚的展開一場批評性對話：

- 看來你負責的工作太多了，我們來談談你的工作量吧。
- 我們來討論一下是什麼讓你沒辦法準時吧。
- 你的貢獻太棒了，但我們得談談如何把它們呈現出來。
- 不如我們來看看你的時間管理過程吧？
- 我認為我們需要更平均的分配家庭責任。
- 如果我們能多聊聊／多花些時間在一起就太好了。
- 我注意到你最近不太投入，我們能談談為什麼嗎？
- 當我覺得說話被打斷，就很難進行討論。
- 感覺你最近很負面，我們能聊聊嗎？

從前面的每一句陳述或問題中，我們都可以想像出，是在什麼情況下要提出有建設性的批評。這樣的情況非常多，像是員工或同事的表現不到標準、交往對象沒有在你需要時陪伴在身邊，或是一個不斷抱怨的朋友等。**在所有情況下，用提出重點的方式開場，不僅是一種尊重，而且是最有成效的方法。**

深入討論這件事時，再加入正面評論

運用批評的微笑曲線，好處在於能夠深入討論。大多數批評的問題是沒有上下文。很多時候，批評者的受挫情緒已經達到臨界點，他們只是想要釋放自己的情緒負擔，並沒有考慮到如何討論這個問題。但是，以批評為背景來進行討論，是個極為重要的部分。

在深入討論時，有一點特別重要，那就是必須提及較多的正面內容，而不是負面的。研究表明，**互動時正面與負面內容的比例，是一段關係能否成功的重要預測因素**，而這與我們想要繼續維持的關係大有關係！一段穩定的婚姻，最好的預測指標是正面互動與負面互動的比例，如果負面互動多於正面互動，離婚的可能性就很大。[57] 同樣的指標也適用於工作場所，表現最好的團隊使用的正面評論比較多。[58] **有證據顯示，正面情緒能讓我們從周遭環境中接收更多資訊**。[59]

一個偏重正面評論的對話內容是什麼樣子？讓我們回到伊莎貝拉的例子。在意識到她第一次嘗試給予批評意見失敗之後，伊莎貝拉看了我關於批評的文章，然後來找我幫忙。我們討論了她和團隊之間的關係，雖然她知道他們已經失去了一些精神，但他們可以恢復。「我一定還會有機會做這件事，下次我不想搞砸了。」

才過了一週，她的機會就來了——團隊的網頁設計師給她看了一個網站，這個網站沒有包含客戶要求的功能。

「嘿，馬克斯（Max），我們得看一下這裡的流程。我們缺少了一些關鍵部件。」她一開始就這樣說，而馬克斯被帶進這段對話，繼續聽著。「你這些留白用得非常出色，我真的很喜歡你混合圖像和複製的方式。我知道你懂得如何讓這個網站更漂亮，但我們還是得把客戶要求的功能加進去。我們看一下這邊的說明，看看

---

57 John Gottman, *What Predicts Divorce: The Relationship between Marital Processes & Marital Outcomes* (New York: Lawrence Earlbaum, 1994).

58 Marcial Losada and Emily Heaphy, "The Role of Positivity and Connectivity in the Performance of Business Teams: A Nonlinear Dynamics Model," *American Behavioral Scientist* 47, no. 6 (February 2004): 740–65. https://doi.org/10.1177/0002764203260208.

59 Barbara L. Fredrickson, "Updated Thinking on Positivity Ratios." *The American Psychologist* 68, no. 9 (December 2013): 814–22.

怎麼把它們加進去。」

馬克斯感覺自己的能力得到了認可，但也意識到他必須做一些改變。伊莎貝拉運用了正面評論，使馬克斯能夠繼續投入在對話中，同時讓他更容易接受與理解某些部件不對。

在所有建設性批評中，都必須透過更多內容來深入討論。**為什麼這件事是個問題？你觀察到了什麼？如此解釋你的立場，但要以偏向正面評論的方式，讓對方更容易在討論時接受你傳達的訊息。**

這方法也適用於人際關係。例如，如果你需要和伴侶談談缺乏溝通的問題，你可以這樣說：「我一直覺得我們最近溝通得不太好。」在打下這個基礎之後，你可以指出關係中正面的事物，並提及你認為缺乏溝通的原因。像這樣：「我愛你，我覺得你是世界上最好的人，我喜歡我們在一起的時光。只是我們之間的溝通，感覺已經不像以前那樣在同一個頻率上了。上週吵架之後，我真的很想談談，但你不肯。你對我來說非常重要，我不想讓這件事成為我們的疙瘩。」

在任何情況下，都必須讓對方理解我們的出發點。我們必須願意解釋是什麼導致我們需要提出這些批評，並進行這樣的對話。如果你能夠同時融入正面評論，他們會更能接受這一切。

以目標作結，否則批評淪為抱怨

時近效應（recency effect，也稱近因效應）指出，**我們對於對話最後的內容記憶最深刻，這就是為什麼我們總要以目標結束對話**。就像微笑曲線的終點一樣，目標要向上揚、引起注意！這樣便能指出如何解決問題，避免問題再次發生。

伊莎貝拉就是這麼對馬克斯的。在重新檢視需要添加哪些內容，才能滿足客戶的目標之後，她最後說：「好，太好了。我知道你很快就能搞定這些，而且我們以後也不用再談這類事情了。下週我需要一個新的版本，包含我們討論過的所有內容，可以嗎？」馬克斯同意了，還提前完成工作。從那一刻起，他都會特別注意客戶提出的要求。

任何情境都可以設定目標。像前面那對在談論溝通問題的夫妻，他們的目標可能是同意在二十四小時內，把之前吵架的事情講清楚，如果有必要，就給彼此時間冷靜下來。如果是要和某位同事談論時間管理方面的問題，目標可以包括設定新的截止日期，並制定計畫來達成。如果一個朋友莫名負面，那麼目標可能是要他更加意識到自己的悲觀情緒。

目標並不需要是某種精準的陳述，只要將對話導向一個能夠解決問題的方向即可。**我們可以提出批評，但如果沒有解決辦法，我們所做的就只是抱怨而已。**

做這一切時都帶著善意，對方更聽得下去

身為媒體方面的專家，我經常被要求針對一些情況、人物和關係，來給出看法。從《閃婚》裡的情侶們，到《凱特加約會》裡的凱特·戈瑟林（Kate Gosselin），再到最新的名人新聞，我對很多人和他們的關係都提出了自己的看法。

其中一次難忘的經驗是我上《塔姆倫·霍爾脫口秀》（*Tamron Hall Show*），她的團隊邀請我去討論TLC旅遊生活頻道的新節目——《我的男友是媽寶》（*I Love a Mama's Boy*），並與節目主角一起解決一些與媽寶交往的問題。製作人把這個節目片段寄給我看，這些媽媽們的誇張行徑真的讓我非常吃驚，她們完全就是感情關係的障礙，給這些男人試圖擁有的任何健康戀愛關係判了死刑。

我在節目上明確表示，這是一種相互依賴且不健康的關係，但我沒有攻擊媽媽們。大家都很驚訝，我也收到了很多訊息和回饋，內容大概都是：「妳應該告訴她們說她們有多瘋狂！」或「我真不敢相信妳那麼尊重那些瘋子！」

相信我，我同意那些媽媽們有一些問題需要解決，而且最好交由專業人士來解決。誰會加入自家成年兒子的情侶遊輪旅行、跟蹤他的車，或者因為他沒把媽媽放在第一位，就刻意讓他內疚，而自己一點情緒或心理上的不舒服都沒有？

理論上，我絕對可以用「你們都是瘋子，都在搞情緒亂倫（emotional incest，按：在家庭關係中，父母把他們應該從成人關係中尋求的情感支持，轉嫁到孩童身上）」來作為開場白，但你能想像人們對此的反應嗎？那些媽媽們會生氣，兒子們會努力為自己辯護，**全都不會聽我說的話**。

我可以用挑釁或攻擊來開頭，但為了什麼呢？我對節目的娛樂性不感興趣，而我希望能教育大眾一些東西，至於我上電視的目的，是利用這種曝光作為教學的機會。我希望某處有人在聽，而且聽到他們可以用在生活中的資訊，如果我探討的對象（在這裡是媽媽和兒子們）能從我的話語中獲得一些東西，那就更好了。要做到這點，**唯一的辦法就是以和善的方式提出批評**。

我相信和善的力量，尤其是在批評的時候，它更是祕密配方。你可能會想：「等等，我跟他們講的是正面的事情，難道這樣還不夠嗎？」有些人告訴某人一些正面的事情，但並沒有帶著善意，就像是帶著怒氣說出：「你表現得很棒。」在話語中加入善意，完全是出於你的意念和同理心。

你希望別人怎樣批評你？什麼樣的語氣，對改變行為才是最有幫助的？當我們設身處地站在受批評者的角度去思考，就更容易看出善意在表達中是多麼重要。

你可能不需要準備上電視，發表你對某人感情的看法，但在某種程度上，我們都是評論家。在許多情況下，我們作為領導者、朋友或同事，會被要求提供誠實的意見和有建設性的批評，然而，表達時卻又可能會讓對方受傷、沮喪、憤怒和困惑。由此看來，我們更要帶著善意做這一切。

批評的微笑曲線，讓批評更正面

批評是無可避免的，對批評者和接受批評的人來說都是如此。然而，有了「批評的微笑曲線」，批評就更容易為人所接受，也更容易說出口——雖然你必須多用一點心。

尊重對方，從訴說事實，也就是你為什麼要進行這次對話開始，討論這件事情為何重要，並加入正面的評論，再以解決問題為目標結尾，別忘了自始至終都要帶著善意。批評的微笑曲線會改變你最艱難、不知如何開口的對話。

做做看！

行動

你過去是如何提出批評的？

想想你可能需要進行的一段艱難對話，你如何使用「批評的微笑曲線」來重寫劇本？

心態

我會反思我的批評。

第十三章　隔著螢幕，肢體語言該如何解讀

噢，二〇二〇年。我們做了什麼，才會遭遇這一切？真的是一夕之間，我們的生活方式和與他人的互動方式就完全改變了，並且開始以全新的方式工作、溝通與教學。我確信我不是唯一一個非常想念擁抱的人。在某種程度上，疫情讓我們到目前為止所討論的一切變得非常重要。我們需要連結、關係，還有接觸。

COVID-19還導致了社會各方面的大幅轉變，在許多領域中，我們展現出靈活度，轉向了虛擬的……一切。我們現在已經很熟悉虛擬會議、法庭、研討會、學校、約會、歡樂時光、家庭團聚和節日晚餐。**從二〇一九年到二〇二〇年，遠端會議軟體Zoom從每天僅有一千萬名使用者，增長到每天有超過三億人參加線上會議**，也難怪會有Zoom疲勞（視訊會議疲勞）這回事了。許多人必須學習一套完全不同的技能，還有一些人仍在努力弄懂如何打開攝影機和關閉麥克風。

我們面對面的互動也明顯不同了，或者該說都「戴上面具」了。在全國各地

許多地方，都必須戴上口罩，而且目前為止還看不到盡頭，這對於建立人際關係是種很大的挑戰。在過去數十年中，因為致命的SARS爆發和空氣汙染，很多亞洲人在公共場所會戴口罩；然而在美國，很少看到有人戴口罩，除非你在流感季節乘坐擁擠的航班。對於大多數人來說，這狀況已經改變了，我們現在在學校、商店、購物、職場，以及任何你不是獨自一人的地方，都戴著口罩。

不管你個人認為口罩有沒有效，在人與人的連結方面，它們確實造成了難以克服的障礙。主要的挑戰在於，**當我們遮住半張臉時，談話中的許多非語言線索就消失了**。我們會比較難看出對方的情緒，笑容也被遮起來。此時只有那些臉長得臭的人賺到了。

我們如何以真實有效的方式進行虛擬的溝通？

當我們被迫分開時，要如何保持連結？

我們怎樣才能像露出潔白如珍珠的牙齒那樣，確實表達出情緒和連結呢？

這些我們都可以做到，甚至做得更多！我覺得自己好像在主持電視購物節目，準備端出一組Ginsu牌刀具了，但這是真的，在這個新世界裡，有一種方法可以讓我們成功——沒錯，就是**用眼睛微笑**。

遠端工作、視訊，虛擬聯繫更普遍

這個新世界中的很多元素，可能會在某個時刻，回復到某種程度的正常狀態，不過我敢打賭，虛擬連結會一直存在。一些工作場所將讓員工繼續遠端工作，以降低管理費用並持續生產。需要出差的工作可能也會有所變化，管理階層會發現，比起花費在機票和住宿上的數千美元，一小時視訊會議的成本效益更高。

虛擬場景也可能擴展到工作場所以外的地方，像是尋找約會對象的人，可以繼續透過視訊來審核有興趣的對象，之後再實際約見面。而分散在世界各地的家人，也會繼續透過攝影機來聯絡。

如果視訊將繼續存在，為什麼不把握一些訣竅，在每個虛擬場景都顯現出最好的自己？我列出了三種方法，讓你在鏡頭前能夠以最佳的形象繼續與人連結：

1. **善用能量**：避免過度勞累，要有熱情。
2. **隱藏畫面**：是的，你很好看，但不要一直盯著看。
3. **檢查自己**：每次都要展現出最好的一面。

善用能量，把說話者以外的畫面遮起來

你有沒有注意過，與現實生活相比，以虛擬方式出現要消耗多少能量？身為演講者，我總能在演講前和演講中感受到腎上腺素激增，而當我準備躲回酒店房間叫客房服務時，腎上腺素又會隨之下降。然而，虛擬活動的餘波是無與倫比的。

我最近受一個大學組織的研討會之邀，做了一場線上主題演講，只需要講兩小時；如果你已經讀到這裡，那麼你可能也知道，要我一直喋喋不休並不成問題。所以這活動應該不難，對吧？況且我還可以穿著瑜伽褲和拖鞋演說整場。我完成了這場主題演講，然後在五分鐘的休息時間灌下一杯咖啡。待研討會結束，我幾乎無法從辦公室走到客廳，就倒在沙發上睡著了，直到我女兒用手指頭戳我，問我什麼時候才要給她吃晚餐。

我徹底累壞了，這種方式我從未經歷過。

當你跟人面對面講話或開會時，你的能量有進有出。你可以和對方眼神接觸，**知道他們什麼時候投入，什麼時候在傾聽，他們的微笑和點頭是種肯定且令人振奮**。你也可以輕易發現那些沒在注意聽的人，然後用一種讓對方有罪惡感的眼神

盯著他們，這一樣很令人興奮。**在虛擬環境中，這種交互效果被抑制了，你一直在給予，卻得不到回饋**。一旦沒有任何能量注入，就會讓人精疲力竭。

能量大量消耗的另一個原因，是我們的大腦必須更努力工作。**使用視訊時，我們的認知工作量**（與你手上事情有關的心智努力）**正在超負荷運轉**。[60]我們要努力弄清楚是誰在說話，盡量避免跟別人同時說話，還要決定該說什麼，才能讓自己聽起來最好。與此同時，我們還得看著自己的影像，這對許多人來說，會產生更多焦慮。我們努力同時注意著這麼多事情，大腦為此付出了代價。

無論你以何種方式參與虛擬互動，你都必須想辦法保存精力（顯然這不包括我們都嚮往的參與方式：關閉攝影機、關閉麥克風、滑ＩＧ）。你可以藉著決定聚焦在哪裡以及如何預先準備，來保存你的能量。要是你和大多數人一樣，看到螢幕上大量的虛擬面孔會感到很疲憊，那麼就**將視窗最小化**來減少這種消耗。

---

60 Carlos Ferran and Stephanie Watts, “Videoconferencing in the Field: A Heuristic Processing Model,” *Management Science* 54, no. 9 (September 1, 2008): 1565–78.

如果是我在演講，我會**貼一張紙在螢幕上，把攝影鏡頭以外的東西都擋住**，避免看到任何人。這和我參加實體活動時注重眼神接觸的策略很不一樣，但我知道，當我看到有人不斷旋轉椅子或深蹲健身，我實在沒辦法繼續講下去（這確實發生過）。當我只專注於鏡頭時，可以為客戶帶來更好的效果，也可以讓我的大腦關閉幾個分頁。在比較需要互動的對話中，我會**選擇當前說話者的畫面，並用便利貼遮蓋螢幕的其他部分，只關注說話的人**。這方法不用什麼技術，但在減少注意力分散和防止能量消耗方面很有效。

你在活動當天的準備工作也很重要，至於要準備什麼，取決於活動的重要性和時間長度。如果你知道你必須以比較重要的身分出席會議，那就要好好規畫會議前後的時間，充分休息，補充咖啡因，避免其他會消耗體力的活動。現在，如果我當天有虛擬會面的行程，我有一定的儀式：早上不去健身房（我真搞不懂那些因為早晨運動而精力充沛的人！），前一天晚上不喝酒，在活動開始前三十分鐘喝杯咖啡。我也一定要給自己一些空檔，讓自己在結束後好好躺平。

就跟人生中的許多領域一樣，我們能控制的就只有這麼多。所以，讓我們控制我們所能控制的吧，包括我們出現在螢幕上的狀態、注意哪些事情最消耗能量，以及允許自己好好恢復的空檔。

隱藏畫面，別盯著自己

我去的那間健身房沒有鏡子，這是我喜歡在那裡運動的原因之一。如果沒有鏡子，你就不可能盯著自己的缺點看，在我看來，這能帶來更好的運動和整體體驗。在許多視訊會議平臺上，**我們每次視訊，都能看到自己的畫面。這樣很不好的原因有兩個**：第一，我們會比較注意自己的模樣；第二，會對你呈現在他人面前的模樣產生負面影響。

有多少次你發現自己在視訊通話時看著自己？比起注意說話者，你認為你凝視自己的時間占了多少百分比？我保證這兩個問題的答案都是「很多」，因為我們都是這樣。

當然，你的臉看起來賞心悅目，在一堆可能都不熟悉的臉孔中，自然是最吸引人的。然而，專注於自己的畫面時，我們不會有什麼收穫。如果每個人都把注意力集中在自己身上，就失去與他人視訊交流的意義了！當我們沒在注意別人的時候，就非常難與他們連結。記住，「處在當下」是親和力的核心概念，而我們的**自我關注是一種不必要的干擾**。

其次，開著自己的畫面不但會對你所說的話產生負面影響，還會影響你對自己的感覺。研究指出，**視訊聊天時看到自己，會讓我們感到拘束不安，尤其會在意別人是怎麼看我們的**。[61]自信和真實是產生親和力的關鍵要素，而在鏡頭前看到自己，可能會干擾這兩者。

在面對面交談時，我們不會一直在意自己反映的樣子，那麼為什麼視訊時這樣呢？

所以，可以的話，就把自己的影像畫面關起來吧。如果你使用的軟體沒有這個選項，把這章寄給他們（開玩笑的……但其實也不是不行），或者用便利貼遮住自己的臉。這種自愛的行為會大幅改善你的線上互動。

檢查自己，確保呈現最好的樣子

是的，我希望你忽略自己，但在那之前，你得先看看自己在那個小視窗裡呈現出來的樣子。在這個後疫情世界，浴室自拍是最糟糕的影片了。想想跟人面對面溝通時，你會注意自己的儀容，對吧？那麼，為什麼視訊的時候，人們會半裸著躺在沒整理的床上呢？

無論你使用虛擬方式溝通，是為了工作還是娛樂，只要遵循以下注意事項，將會獲得更好的連結體驗。

◎這樣做：

- **買一顆好的鏡頭**。若電腦內建的鏡頭故障，或者畫面一片模糊，那麼是時候升級了。市面上有一些不錯的網路攝影鏡頭，不會讓你傾家蕩產，還能把你的模樣更好的呈現出來。

---

61 Matthew K. Miller, Regan L. Mandryk, Max V. Birk, Ansgar E. Depping, and Tushita Patel, "Through the Looking Glass," *Proceedings of the 2017 CHI Conference on Human Factors in Computing Systems*, 2017, https://doi.org/10.1145/3025453.3025548.

●**注意相機的位置**。我看過很多人的鼻孔、腳，甚至花了一些時間思考，我能不能數清與會者頭上有幾根頭髮。我想看到的畫面，是你**腰部以上的部位**。

●**穿戴整齊。至少腰部以上穿整齊！**我超愛我的連帽衫，但我那件超柔軟的「抱抱怪獸」（Snuggle Monster）運動上衣一點也不專業。即使你在家，也可以盡量讓自己看起來很專業。穿上一件真正的襯衫吧，還要確定沒有很多皺紋。**坦白說，你的襯衫甚至不需要很香**，反正我們聞不到你的味道。一點點努力就會有很大的效果，而且你仍然可以穿著毛茸茸的拖鞋。

◎別這樣做：

●**毫不注意背景。你不應該在床上進行專業方面的視訊對話**，除非你是在密西根州和阿姨聊天，或是在加州和最好的朋友聊天，否則請**想想別人能看到你背後的什麼**。問問自己，如果全世界都看到了，自己能夠接受嗎？我不是特別喜歡虛擬背景，但這在緊急情況下確實管用。不過，「我沒時間打掃」可不是緊急情況。

●**坐在黑暗中**。我們要看到你的臉，而不是你的影子。自拍補光燈是個很好用的小道具，但即使只是在房間裡打開幾盞燈，也會有所改善。

我們的形象並非無關緊要，而在視訊時，我們只能展示自己的一小部分，所以充分達到最佳效果至關重要。

只剩半張臉，換用眼睛微笑

口罩雖然可能挽救生命，但也會妨礙我們建立關係。由於遮住了臉的下半部，我們就難以判斷對方的真實情緒。而且因為遮住嘴巴的關係，微笑完全消失了，但皺眉會變得格外明顯，因為眉毛就在露出部分正中間。也許我們該去打肉毒桿菌了？

我們的大腦在潛意識之中，以驚人的準確性解讀面部表情的含意。[62]我們下意識的讀唇語，然後很自然的藉由揣摩對方的嘴唇、臉頰、眼睛和眉毛的動作，來理

62 Chris Frith. "Role of Facial Expressions in Social Interactions." *Philosophical Transactions: Biological Sciences* 364, no. 1535 (December 12, 2009): 3453–58.

解對方的意思。**當戴上口罩時，很容易看到悲傷或恐懼，但很難注意到快樂或厭惡**。眼睛是靈魂之窗，但整張臉是我們情緒的窗戶。

口罩也會影響我們的移情作用。在交談中，我們會下意識模仿別人的表情，甚至自己都沒有意識到。[63]當別人對我們微笑，我們也會微笑；當他們皺眉，我們也皺眉；當他們哭泣，我們表達悲傷。但我們無法反映出我們看不到的東西，而這可能就會導致一種沒有連結的感覺。想想上次別人沒有回應你的微笑時，你是什麼感覺？有點掃興對吧？

那麼，我們該怎麼辦呢？如果我們的右腳受傷，左腳會過度施力，試著緩解情況。同樣的，這時我們需要用其他東西來彌補失去的表情，特別是手勢和語言。

你以前可能只是和鄰居交換一個淺淺的笑容，但現在你的笑容必須到達眼睛。泰拉（Tyra Banks），謝謝妳發明了用眼睛微笑（按：用眼睛微笑的英文是 smize，此詞結合了微笑 smile 及眼睛 eyes，由美國超模泰拉·班克斯在《超級名模生死鬥》〔*America's Next Top Model*〕第十三季中獨創），這真的是有科學依據的！**我們人類能夠區分含著笑意的快樂眼睛，以及帶著憤怒、恐懼、悲傷或沒有表情的眼睛**。[64]以前在考慮某個決定時，我們會噘起嘴脣，但現在可能就需要皺起眉頭了。

我們也能夠轉變整體的肢體語言，來表達更多情緒，像是用手勢來表示興奮之情或我們的觀點（「太好了！」看起來和「不」就不一樣），而且手勢要比平時更有力。專家們通常會建議，**你的手勢要維持在上半身（從腰部到肩膀）周圍寬約九十公分、高約六十公分的方框內**。超出這個範圍可能就會看起來很奇怪，而我們正在嘗試解決這個問題。

展現情緒時還有一點很重要，就是去注意那些可能看不見的部位，並想辦法補強。沒有必要太誇張，一點額外的努力就能更清楚的傳達出情緒。

---

63 Martin Wegrzyn, Maria Vogt, Berna Kireclioglu, Julia Schneider, and Johanna Kissler, “Mapping the Emotional Face: How Individual Face Parts Contribute to Successful Emotion Recognition,” *PLoS One* 12, no. 5 (2017), https://doi.org/10.1371/journal.pone.0177239.

64 Mario Del Líbano, Manuel G. Calvo, Andrés Fernández-Martín, and Guillermo Recio, “Discrimination between Smiling Faces: Human Observers vs. Automated Face Analysis,” *Acta Psychologica* 187 (2018): 19–29, https://doi.org/10.1016/j.actpsy.2018.04.019.

用這四招，維繫遠距離關係

在隔離期間，我們和生命中的每一個人，基本上都成了遠距離關係；家人、朋友、所愛之人和同事，全都被分開了。而且在某些情況下，這樣的隔離還需要持續下去。與經常實際見面的人相比，從遠處維持連結可能需要更加用心。這裡有四種方法可以維繫遠距離關係，從跟同事到你祖母都有效：

- **多多溝通**。也就是經常聯絡，進行有意義的對話。維持比較沒那麼重要的關係時，我們可以隨興發些訊息來聯絡，但對於真正的連結，需要額外關注。打個電話，安排視訊通話的時間，定期發訊息讓他們知道你很關心他們吧。勤奮一點。
- **期望管理**。這是所有挫折的根源，如果你和別人對聯繫頻率的期望不同，其中一方就可能覺得被忽視。你們多久聯絡一次？如何維繫連結？會不會約見面？
- **保持誠實**。在遠距離的情況下，保持誠實和坦誠非常重要。當你們經常面對面交流，很容易感覺到有些東西不太對勁，但身處遠處就很難察覺了。務必表達自己，也鼓勵別人表達自己。

●**分隔兩地也一起做事**。即使分隔兩地，也有一些非常有創意的方式，可以讓你們一起做一些活動。比方說一起參加烹飪課程、學習調一種新飲料、舉辦一個問答之夜，或者看一場電影。方法無窮無盡，但重點都一樣——共享某種經驗就是連結的時刻。

這些建議適用於任何情況，無論是個人抑或工作關係。尤其在很多工作都還是遠距的情況下，以一個團隊的身分保持聯繫必不可少。

後疫情時代，更要保持連結

唯一不變的東西就是「變」。現在的情況，可能一年或五年後就不一樣了，但如同第七章所提到的，是時候調整我們的順應力了。

我們可以成為虛擬的超級巨星，就算臉被遮住一半，也可以表現出我們的情緒，且無論多遠，都可以保持連結。而我們之所以願意這麼做，是因為我們知道，這些關係值得我們付出額外的努力。

做做看！

行動

你打算對你的視訊畫面做出哪些改變？

即使戴著口罩，你如何更明顯的展示你的情緒？

有什麼遠距離的關係，是需要你更加關注的嗎？

心態

對於人際關係，值得付出額外的努力。

第十四章　有時，你得試著和不那麼喜歡的人連結

我的第一次洛杉磯之旅仍然清晰的留在記憶中，因為負面的經驗往往記得特別久。

那時我要代表公司在一場貿易展中擺攤，所以去了洛杉磯出差，我非常興奮能去西海岸看看。我是個沙灘女孩，一直以為加州也有幾個很棒的沙灘。我降落在洛杉磯國際機場時，正值強烈熱浪和交通顛峰時間。我找到了交通工具，開啟從機場到市中心展場中心的二十七點多公里車程，同時心裡想著，最多三十分鐘一定會到，是能有多糟呢？

結果，一個半小時後，我還在十號州際公路上。我以為一定是發生了交通事故，但沒有，只是普通的通勤時間。我在此質疑所有說「西海岸，最好的海岸」這句話的人。

等我總算抵達鄰近會議中心的飯店，我為了終於能離開汽車、火車或飛機而興

奮了一會兒。但我一進入大廳就覺得，或許在高速公路上多走一個小時會更好……只見大廳內部破舊不堪，讓我害怕看到自己房間的狀況。當我轉開那間「豪華客房」的門把時，一股難聞的氣味襲來，暗示著我一點也不想聽到的事情——線上預訂失敗。

當然，當地有棕櫚樹和陽光，但我並沒有看到太多。從地獄飯店到充滿螢光燈的展場中心，我所能看到的棕櫚樹都被水泥人行道環繞著。我討厭這樣。我討厭洛杉磯的一切。四天後，當我回到紐澤西州的家時，我意識到自己有多麼討厭加州，一點也不想再回去。但不久之後，由於另一個工作活動，我又回去了。

但那一次情況不同。我住的地方離大海更近，而且遇到了一個男人。（那裡不是一直都有男人嗎？）

他是一個衝浪創業者，住在布蘭特伍德社區（Brentwood），邀請我去沙灘上散步。因為那次沙灘漫步，我墜入了愛河。他帶我參觀了洛杉磯一些我從來不知道的地方，我們去了馬里布（Malibu）的美麗海灘，去了路邊的魚市，還去了山與海相接的地方健行。我也知道了，雖然走四〇五號州際公路沒有個好時機，但有時候你可以避開不走，讓車程不那麼痛苦。

當我受邀在洛杉磯主持一個節目，而這個節目需要我在那裡住六週時，我抓住了這次機會。我開始擁抱加州重視自我照護和健康的生活方式，而且珍惜每個日落，完全不想離開。我徹底被迷住了，百分之百戀愛了。

不是跟那個男人，是跟洛杉磯。

很多時候，我們一開始並不喜歡某個地方或某個人，我們必須更深入的認識他們，才能看到他們值得喜歡的地方。

我們的人生中都有洛杉磯。有些時候，在別人的人生中，我們就是他們的洛杉磯。

我們可能已經非常接近了，但因為沒有往正確的地方尋找，或者進行正確的對話，所以錯過了很多東西。即使我們並不想伸出手、打招呼，但如果我們有勇氣這麼做，可能一瞬間就能改變人生。

擁有親和力讓我們能夠邁出下一步，和那些一開始不太感興趣的人連結，把我們的「洛杉磯」變成終生的關係。另外，也能夠向別人展示你是什麼樣的人，成為他們人生中的洛杉磯。

我最近和第一章的主角范恩聯絡，他對於自己要跟我分享的事情興奮不已。

「我們在一起八個月了，我想她就是我的真命天女。」他喝著啤酒露出燦笑。我回道：「慢點，不用急，跟我說說她的事情吧。」范恩把我們上次會面以來發生的所有變化都告訴我，包括他的愛情生活。

「事情並非都很容易，有時候會覺得自己在倒退。像是我最近升遷了，現在每週都必須參加例行會議，但公司裡有一些非常聰明的人，我擔心如果我在會議中開口，會顯得很愚蠢。」

我問他，當那種熟悉的感覺浮現時，他是怎麼處理的。他回答：「我回歸最基本的事物，想起我們做過的這些步驟，並提醒自己，我在公司能有今天這個位置是有原因的，因為我有很好的想法，而且我有能力表達出來，即使是在一群我欽佩的人面前。」我希望這聽起來不是在自賣自誇，但我真的感到非常驕傲。

變得有親和力的過程並不總是一條直線，而是像我的體重一樣，有高有低。我的體重可能會波動，因為我吃了太多餅乾（我並不後悔）；但人與人之間的關係波動，可能是出乎意料的，例如有人說了難聽的話、我們經歷了倍感壓力的分手、搬家或失聯、我們自己睡眠不足、有些好事讓我們遠離了自己的舒適圈，比方說范恩的升遷。

不管人際關係衰退的原因是什麼，總有補救的辦法。我們必須記得回到最基本的東西，並專注於打造親和力、建立連結的基石：連結、溝通、激勵。

- **連結：意識到自己有多棒，並與世界分享你自己**。你有很多東西可以主動給予。你的自信、正向和真誠，會建立起重要的關係。
- **溝通：給自己彈性去順應他人，並且在那個當下，以及在他們的生活中，都以他們需要被對待的方式對待他們**。要知道，你的在場永遠是你能給予對方的最佳禮物。
- **激勵：分享你的光芒和目標**。找到點燃這一切的火花，這份驅動力將改變你人生中的一切。

也許世界上有些人，讓你覺得自己是宇宙的中心，一些如此真實、如此實在、如此真誠的人，改變了你的世界。而你也擁有這種力量，可以成為別人心目中的那個人，好好與人建立連結來改變世界。

做做看！

行動

如何在互動中讓自己更有親和力、更容易與人建立連結？

當不安全感突然出現時，你的計畫是什麼？

心態

沒有更多的心態提示了，是時候去做、確實採取行動，並將你所學到的、所改變的一切付諸實行，然後走出去，與他人建立連結。我等不及要聽你分享了。

謝詞

寫一本書的經驗既孤獨，又需要合作。我花了好幾小時、好幾天、好幾個月的時間，和我的筆記型電腦在一起，但並不是這些時刻，真正創造了你現在正在讀的這本書，而是你接下來要在這篇愛的訊息中讀到的所有人，促成了這一切！謝謝你們！

首先，我要感謝我一生的摯愛凱文（Kevin）。早在幾年前，我們在廚房的對話就想出了「親和力」這個基本概念，並將這個點子發展起來。你無盡的支持和鼓勵提醒我，這本書必須存在於這個世界上，而我就是寫這本書的人。你是我最好的朋友、靈魂伴侶，而且是一個有著絕妙想法的了不起作家。每個人都需要一個凱文（不過不是我的凱文）。

在這個想法轉為現實之後，它落到了我能幹的朋友、編輯兼作家珍・辛格（Jen Singer）手中。感謝妳一開始就看出了這本書的潛力，並幫助我將想法轉變成出版社非常喜歡的提案。感謝我出色的經紀人阿曼達・盧德克（Amanda Luedeke）接受了這份提案，並交給一家完美的出版社。

提勒・普瑞斯（Tiller Press），感謝你相信這本書的力量。我的編輯羅尼・阿爾瓦拉多（Ronnie Alvarado），感謝妳的幫助，讓內容變得合理順暢，而且不管怎樣，都完全沒有失去我的風格。這段合作似乎太順利愉快了，但在我的經驗中，這就表示了我們的關係很美好。

最後，我要感謝我的家人。我的父母，他們是我出生以來最堅定的支柱。謝謝你們給我成長的空間，在最困難的時候給我充滿安全感的愛，在我需要的時候給我一個柔軟的休憩之處。還有，要永遠和我在一起的孩子們，我對你們的愛無法用言語表達。我所做的一切，都是為了你們。

等等，還有一個！親愛的讀者，謝謝你，我非常感激。謝謝你花時間陪我，讓我在你的腦海中占據寶貴的空間。我不認為這是理所當然的。我永遠感謝你。

國家圖書館出版品預行編目（CIP）資料

我想交朋友：如何氣定神閒的初次見面；怎麼相處，能從相識變朋友？／瑞秋・德爾托（Rachel DeAlto）著；吳宜蓁譯.--初版.--臺北市：大是文化有限公司，2022.07

288面；14.8×21公分.--（Style；62）

譯自：Relatable: How to Connect with Anyone, Anywhere（Even If It Scares You）

ISBN 978-626-7123-22-5（平裝）

1. CST：人際關係　2. CST：人際傳播　3. CST：社交技巧

177.3　111003295

Style 062

我想交朋友

如何氣定神閒的初次見面；怎麼相處，能從相識變朋友？

作　　者／瑞秋・德爾托（Rachel DeAlto）
譯　　者／吳宜蓁
責任編輯／張慈婷
校對編輯／張祐唐
美術編輯／林彥君
副總編輯／顏惠君
總 編 輯／吳依瑋
發 行 人／徐仲秋
會計助理／李秀娟
會　　計／許鳳雪
版權經理／郝麗珍
行銷企劃／徐千晴
業務助理／李秀蕙
業務專員／馬絮盈、留婉茹
業務經理／林裕安
總 經 理／陳絜吾

出 版 者／大是文化有限公司
臺北市 100 衡陽路 7 號 8 樓
編輯部電話：（02）23757911
購書相關諮詢請洽：（02）23757911 分機 122
24小時讀者服務傳真：（02）23756999
讀者服務E-mail：haom@ms28.hinet.net
郵政劃撥帳號／19983366　戶名／大是文化有限公司

法律顧問／永然聯合法律事務所
香港發行／豐達出版發行有限公司 Rich Publishing & Distribution Ltd
地址：香港柴灣永泰道 70 號柴灣工業城第 2 期 1805 室
Unit 1805, Ph.2, Chai Wan Ind City, 70 Wing Tai Rd, Chai Wan, Hong Kong
電話：21726513　傳真：21724355
E-mail：cary@subseasy.com.hk

封面設計／孫永芳　內頁排版／江慧雯
印　　刷／鴻霖印刷傳媒股份有限公司

出版日期／2022 年 7 月初版
定　　價／新臺幣 390 元（缺頁或裝訂錯誤的書，請寄回更換）
I S B N／978-626-7123-22-5
電子書ISBN／9786267123232（PDF）
9786267123249（EPUB）